KB067653

듣기 다잡기

김미숙 지음

박영사

머리말

한국어능력시험을 준비하는 분들이 많아지면서 한국어능력시험을 준비할 수 있는 책도 점점 많아지고 있습니다. 그런데 '듣기' 시험을 준비하는 학생들이 좋은 책을 추천해 달라고 했을 때 적당한 책이 없었습니다. 그래서 이 책을 쓰게 되었습니다.

이 책은 '듣기' 시험을 잘 준비할 수 있도록 그동안 시험에 많이 나온 문제를 분석하고 꼭 공부해야 하는 표현, 어휘 등을 정리했습니다. 그리고 듣고 받아쓰기 연습을 하도록 했습니다. 받아쓰기는 좀 어려울 수도 있지만 많이 연습하면 분명히 한국어 능력 향상에 도움이 될 것입니다. 대본을 보면서 공부한 후에 꼭 큰 소리로 읽어 보세요. 오디오를 들으면서 따라 읽어도 좋습니다. 이렇게 꾸준히 이 책으로 차근차근 공부해 보세요. 한국어능력시험에서 좋은 성적을 받을 수 있을 뿐만 아니라 여러분의 듣기 능력도 좋아질 것입니다. 외국어를 공부할 때 그 언어를 들을 수 있는 '귀'가 열리면 언어를 더 빨리 배울 수 있다고 합니다. 여러분의 '귀'가 열릴 수 있도록 열심히 들어 보세요.

이 책이 나오기까지 수고하고 애써 주신 박영사 관계자 여러분들께 진심으로 깊은 감사를 드립니다. 그리고 베트남어 번역을 해 준 레티 특(Lê Thị Thức)에게도 감사의 마음을 전합니다.

이 책이 시험을 준비하는 여러분에게 조금이나마 도움이 되기를 바랍니다.

2024. 1.

저자

이 책의 활용법

한국어 능력 시험을 준비하는 학생들한테서 어떻게 공부하면 좋은지에 대한 질문을 많이 받습니다. 좋은 방법 중 하나는 "반복 학습"입니다. 이 책을 최소 3번 공부하세요. 반복하면서 공부하는 것이 시험을 대비하는 좋은 방법입니다.

이 책은 중급과 고급 수준의 유형을 나누어서 설명하였습니다. 토픽 시험까지 시간이 없다면 중급 유형 부분을 반복해서 공부하고 시험을 보러 가세요.

문제의 유형별로 출제된 상황이나 표현 등을 정리해 두었습니다.
이 부분을 꼼꼼하게 공부하세요.

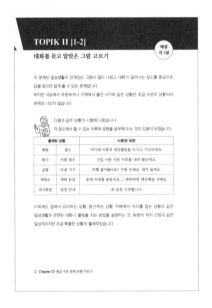

그리고 실제 기출 문제에 대한 설명도 넣었습니다. 문제를 먼저
풀어 본 후 설명 부분을 보면서 시험에 대비하는 방법을 익히세요.

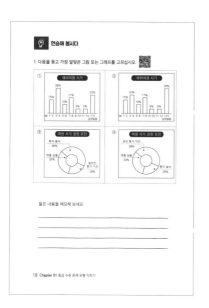

연습 문제가 있으니 풀어 보면서 시험을 대비하세요.
앞에서 설명한 방법대로 문제를 풀어 보세요.

메모하면서 들으면 시험을 볼 때 도움이 됩니다.

문제를 다시 들으면서 받아쓰기를 해 보세요.

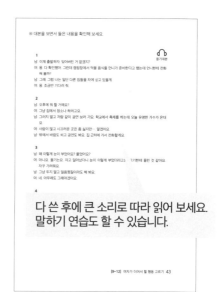

다 쓴 후에 큰 소리로 따라 읽어 보세요.
말하기 연습도 할 수 있습니다.

문제에서 어려운 단어는 번역과 함께 넣었습니다.
번역을 보면서 의미를 확인하고 본문에서 어떻게 사용
되고 있는지 확인하면서 공부하세요.

중급 수준에서 알면 좋은 문법과 표현도 정리
했습니다. 예문을 보면서 공부해 보세요.

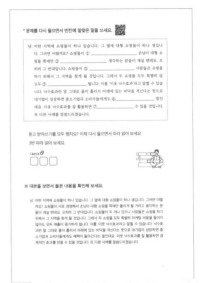

강연이나 강의, 연설을 들으면 받아쓰기와 따라 읽기
해 본 후에 내용을 요약해서 정리해 보세요.

공부하다가 모르는 것이 있으면 제 유튜브 채널에 와서 질문해도 괜찮습니다.

김 선생님 유튜브 채널: https://www.youtube.com/@KIMSAM33

3번 공부 도전하기!!!

1) 전체적인 내용을 한번 가볍게 공부해 보세요.

시험에 대해 전체적인 이해를 하면서 문제를 푸는 방법을 익히고 문제를 풀어 보도록

하세요.

2) 모르는 단어나 문법을 꼼꼼하게 공부하세요.

모르는 단어를 공부하고, 단어가 문장 속에서 어떻게 사용되고 있는지 확인하면서 공

부하세요. 그리고 문법도 함께 공부해 보세요.

3) 받아쓰기도 하고 따라 읽기도 해 보세요.

음원 파일을 들으면서 들은 내용을 "받아쓰기"해 보세요. 고급 수준의 문제는 대본을

따라 써 보고 다시 음원을 들으면서 "받아쓰기"를 해 보세요. 그리고 받아쓰기한 내

용을 다시 들으면서 소리 내서 따라 읽어 보세요.

		공부한 날짜	공부한 날짜	공부한 날짜
중급 수준 문제 유형 익히기	대화를 듣고 가장 알맞은 그림 고르기			
	알맞은 그래프 고르기			
	이어질 수 있는 말 고르기			
	여자가 이어서 할 행동 고르기			
	들은 내용과 같은 것 고르기			
	남자의 중심 생각 고르기			
중급 수준 문제 연습하기				
고급 수준 문제 유형 익히기	남자의 중심 생각 찾기			
	들은 내용과 같은 것 고르기			
	남자가 하고 있는 일 찾기			
	말하는 의도 고르기			
	말하는 사람이 하고 있는 일 찾기			
	남자의 태도 고르기			
	들은 내용의 주제 찾기			
	고급 수준 문제별 익히기			
고급 수준 문제 연습하기				

TOPIK 시험 알기

1. TOPIK II 시험의 구성

	영역	시험 시간	문항수	점수
1교시	듣기	13:00- 14:50 (110분)	50문항	100점
	쓰기		4문항	100점
2교시	읽기	15:20-16:30 (70분)	50문항	100점
합계		180분	104문항	300점

1. 시험은 오후 1시에 시작하지만 12시 20분까지 시험을 보는 교실에 들어가야 합니다. 늦으면 못 들어갑니다.

2. 듣기 시험은 13시부터 14시까지 60분 동안 봅니다. 시험이 끝나고 답안지를 내야 합니다.

3. 14시부터 14시 50분까지 쓰기 시험을 보고 20분 동안 쉽니다.

4. 시험을 볼 때 신분증(여권, 외국인 등록증 등)이 있어야 합니다.

5. 듣기 시험을 볼 때 쓰기 시험지를 보면 부정행위입니다. 점수가 모두 0점 처리됩니다.

6. 모든 스마트 기기는 가지고 들어갈 수 없습니다.

2. TOPIK II 등급별 평가 기준

등급	평가 기준
3급	• 일상생활을 영위하는 데 별 어려움을 느끼지 않으며 다양한 공공시설의 이용과 사회적 관계 유지에 필요한 기초적 언어 기능을 수행할 수 있다. • 친숙하고 구체적인 소재는 물론 자신에게 친숙한 사회적 소재를 문단 단위로 표현하거나 이해할 수 있다. • 문어와 구어의 기본적인 특성을 구분해서 이해하고 사용할 수 있다.
4급	• 공공시설 이용과 사회적 관계 유지에 필요한 언어 기능을 수행할 수 있으며, 일반적인 업무 수행에 필요한 기능을 어느 정도 수행할 수 있다. • 뉴스, 신문기사 중 비교적 평이한 내용을 이해할 수 있다. • 일반적인 사회적·추상적 소재를 비교적 정확하고 유창하게 이해하고 사용할 수 있다. • 자주 사용되는 관용적 표현과 대표적인 한국 문화에 대한 이해를 바탕으로 사회·문화적인 내용을 이해하고 사용할 수 있다.
5급	• 전문 분야에서의 연구나 업무 수행에 필요한 언어 기능을 어느 정도 수행할 수 있다. • 정치, 경제, 사회, 문화 전반에 걸쳐 친숙하지 않은 소재에 관해서도 이해하고 사용할 수 있다. • 공식적·비공식적 맥락과 구어적·문어적 맥락에 따라 언어를 적절히 구분해 사용할 수 있다.
6급	• 전문 분야에서의 연구나 업무 수행에 필요한 언어 기능을 비교적 정확하고 유창하게 수행할 수 있다. • 정치, 경제, 사회, 문화 전반에 걸쳐 친숙하지 않은 주제에 관해서도 이해하고 사용할 수 있다. • 원어민 화자의 수준에는 이르지 못하나 기능 수행이나 의미 표현에는 어려움을 겪지 않는다.

[출처: TOPIK 홈페이지]

3. TOPIKⅡ 듣기 시험 유형

문제 번호	유형	종류	배점
1~2	대화를 듣고 가장 알맞은 그림 고르기	대화	2점
3	알맞은 그래프 고르기	그래프 설명	2점
4~8	이어질 수 있는 말 고르기	대화	각 2점
9~12	여자가 이어서 할 행동 고르기	대화	각 2점
13~16	들은 내용과 같은 것	대화	각 2점
17~20	남자의 중심 생각 고르기	대화	각 2점
21	남자의 중심 생각 찾기	대화	각 2점
22	들은 내용과 같은 것 고르기		
23	남자가 하고 있는 일 찾기	대화	각 2점
24	들은 내용과 같은 것 고르기		
25	남자의 중심 생각 찾기	인터뷰	각 2점
26	들은 내용과 같은 것 고르기		
27	남자/여자가 말하는 의도 고르기	대화	각 2점
28	들은 내용과 같은 것 고르기		
29	남자가 누구인지 찾기	인터뷰	각 2점
30	들은 내용과 같은 것 고르기		
31	남자의 중심 생각 찾기	토론	각 2점
32	남자의 태도 고르기		

문제 번호	문제 유형	종류	배점
33	무엇에 대한 내용인지 주제 찾기	강연	각 2점
34	들은 내용과 같은 것 고르기		
35	남자가 무엇을 하는지 고르기	연설	각 2점
36	들은 내용과 같은 것 고르기		
37	남자/여자의 중심 생각 찾기	교양 프로그램	각 2점
38	들은 내용과 같은 것 고르기		
39	대화 앞의 내용으로 알맞은 것 고르기	대담	각 2점
40	들은 내용과 같은 것 고르기		
41	강연의 중심 내용 파악하기 남자/여자의 중심 생각 찾기	강연	각 2점
42	들은 내용과 같은 것 고르기		
43	이야기의 중심 내용 찾기	다큐멘터리	각 2점
44	세부 내용 파악하기		
45	들은 내용과 일치하는 것 고르기	강연	각 2점
46	여자가 말하는 방식 고르기		
47	들은 내용과 같은 것 고르기	대담	각 2점
48	남자의 태도 고르기		
49	들은 내용과 같은 것 고르기	강연	각 2점
50	남자/여자의 태도 고르기		

차례

Chapter 01

중급 수준 문제 유형 익히기

1번부터 20번까지는 중급 수준의 문제가 출제됩니다. 일상적인 대화에서 조금 전문적인 내용으로 구성되고 대화의 속도도 빠르지 않기 때문에 아주 어렵지 않습니다.
지문 하나에 문제가 하나씩 출제됩니다. 다만 **한 번만** 들을 수 있기 때문에 집중해서 들어야 합니다.

토픽 시험 전까지 시간이 별로 없다면 이 부분만 집중해서 공부하세요. 이 책을 한 번만 공부하는 게 아니라 반복해서 읽으면서 공부하는 게 좋습니다.

문제 유형별로 자세히 살펴볼까요?

TOPIK II [1-2]

대화를 듣고 알맞은 그림 고르기

이 문제는 일상생활과 관계있는 그림이 많이 나왔고 대화가 일어나는 장소를 중심으로 답을 찾으면 쉽게 풀 수 있는 문제입니다.

하지만 식당에서 주문하거나 가게에서 물건 사기와 같은 상황은 초급 수준의 상황이라 문제로 나오지 않습니다.

다음과 같은 상황이 시험에 나왔습니다.

각 장소에서 할 수 있는 어휘와 표현을 공부해 두는 것이 도움이 되겠습니다.

출제된 상황		사용된 표현
병원	접수	여기에 이름과 생년월일을 쓰시고 기다리세요.
회사	서류 접수	신입 사원 지원 서류를 내러 왔는데요.
공항	마중 가기	여행 즐거웠어요? 가방 주세요. 제가 들게요.
세탁소	세탁 문의	옷에 커피를 쏟았어요. / 세탁하면 깨끗해질 거예요.
전시회장	입장 안내	곧 입장 시작합니다.

이외에도 집에서 요리하는 상황, 등산하는 상황, 카페에서 자리를 잡는 상황과 같은 일상생활과 관련된 대화나 볼링을 치는 방법을 설명하는 것, 화분의 위치 선정과 같은 일상적이지만 조금 특별한 상황이 출제되었습니다.

 **문제를 풀기 전에**

일상생활에서 어떤 일이 있는지 생각해 보고 자주 사용하는 표현을 정리해 보세요.

주제	상황	자주 나오는 표현
집	집안일	청소를 해요. 설거지를 해요.
		세탁기를 돌려야 돼요. 청소기를 돌려요.
병원	접수하기	어떻게 오셨어요? 어디가 아파서 오셨어요?
	진료받기	언제부터 아프셨어요? 또 불편한 곳은 없으세요?
	처방전 받기	여기 처방전이 있습니다. 처방전을 드릴 테니까 약국에서 약을 지으세요.
세탁소	옷 맡기기	이 옷 세탁 좀 해 주세요.
	옷 찾기	지난번에 맡긴 옷 찾으러 왔는데요.
공항	분실한 짐 찾기	짐을 잃어버려서요. 제가 짐을 잃어버렸는데 어디에서 찾을 수 있을까요?
식당	주문하기	냉면 한 그릇 주세요. 이 집에서 뭐가 맛있어요? 이 집에서 뭐가 잘 나가요?
	음식이 잘못 나왔을 때	제가 주문한 음식이 아닌데요. 음식이 잘못 나온 것 같아요.
카페	주문 후 기다리기	음료가 나오면 진동벨로 알려 드리겠습니다.

83회 1번

※ [1~3] 다음을 듣고 가장 알맞은 그림 또는 그래프를 고르십시오. (각 2점)

1.
> 여자: 지금 전시장에 들어갈 수 있어요?
> 남자: 잠시만 기다려 주세요. 곧 입장 시작합니다.
> 여자: 네. 알겠습니다.

출처: TOPIK 홈페이지

'전시장에 들어가다', '입장'과 같은 단어를 알면 어렵지 않게 풀 수 있습니다.
평소에 어휘 공부를 꾸준히 해야겠지요?
전시장에 들어가는 그림을 찾으면 정답은 ①번입니다. ②번은 기념품을 포장하고 있고,
③번은 안내 책을 보고 있습니다. ④번은 전시된 작품을 보고 있습니다.

 **연습해 봅시다**

1. 다음을 듣고 가장 알맞은 그림 또는 그래프를 고르십시오.

①

②

③

④

들은 내용을 메모해 보세요.

_____

_____

_____

_____

2. 다음을 듣고 가장 알맞은 그림 또는 그래프를 고르십시오.

들은 내용을 메모해 보세요.

_____

_____

_____

_____

✱Check✎ 어휘 알기

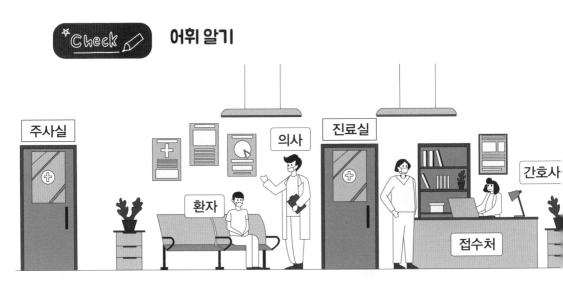

주사실 · 의사 · 진료실 · 간호사 · 환자 · 접수처

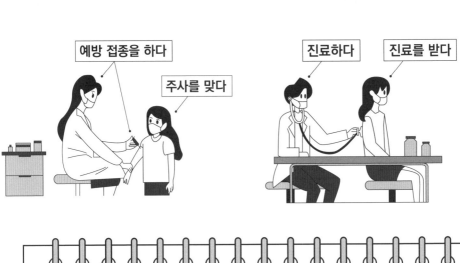

예방 접종을 하다 · 주사를 맞다 · 진료하다 · 진료를 받다

▶ 병원에서

환자: 진료 좀 받고 싶은데요.

직원: 저희 병원에 오신 적 있으세요?

환자: 아니요. 처음 왔어요.

의사: 감기가 좀 심하시네요.

환자: 네. 선생님. 주사를 맞아야 할까요?

의사: 심하시면 주사를 맞는 게 도움이
되기는 합니다.

3. 다음을 듣고 가장 알맞은 그림 또는 그래프를 고르십시오.

①

②

③

④

들은 내용을 메모해 보세요.

_____

_____

_____

_____

▶ 옷가게에서

손님: 청바지를 하나 사고 싶은데요.

직원: 네. 이거 어떠세요? 요즘 이 디자인이 유행이에요.

직원: 이 치마 어떠세요? 마음에 드세요?

손님: 네. 괜찮은데 저한테 좀 긴 것 같아요.

직원: 어떠세요? 잘 어울리시네요.

손님: 그래요? 그럼 이걸로 주세요.

* 문제를 다시 들으면서 빈칸에 알맞은 말을 쓰세요.

1.

여: 주문하시겠어요?

남: 아. 주문은 아니고요. ① _____을/를

② _____.

여: 이쪽에서 해 드리겠습니다.

③ _____이/가 어떻게 되세요?

2.

여: 처음 오셨어요? 여기에 ① _____와/과

② _____ 좀 적어 주세요.

남: 많이 기다려야 하나요?

여: 네. ③ _____(이)라서 대기 환자가 많

은 편입니다. 30분 정도 걸릴 것 같아요.

3.

남: 어서 오세요.

여: 어제 여기서 옷을 샀는데 사이즈가 안 맞

아서요. ① _____ 큰 거 있을까요?

남: 네. 찾아봐 드리겠습니다. 이 상품은

② _____ 교환만 가능합

니다.

③ _____ 있으신가요?

듣고 받아쓰기를 모두 했지요? 이제 다시 들으면서 따라 읽어 보세요.

3번 따라 읽어 보세요.

※ 대본을 보면서 들은 내용을 확인해 보세요.

1

여: 주문하시겠어요?

남: 아. 주문은 아니고요. 주차 등록을 하고 싶은데요.

여: 이쪽에서 해 드리겠습니다. 차량 번호가 어떻게 되세요?

2

여: 처음 오셨어요? 여기에 성함과 생년월일 그리고 연락처 좀 적어 주세요.

남: 많이 기다려야 하나요?

여: 네. 환절기라 대기 환자가 많은 편입니다. 30분 정도 걸릴 것 같아요.

3

남: 어서 오세요.

여: 어제 여기서 옷을 샀는데 사이즈가 안 맞아서요. 한 치수 큰 거 있을까요?

남: 네. 찾아봐 드리겠습니다. 이 상품은 세일 상품이라서 교환만 가능합니다. 영수증 있으신 가요?

어휘 확인

주차	parking	停车	駐車, パーキング	Đậu xe
등록	registration	登记	登録	Đăng ký
차량 번호	registration number	车牌号	車両番号, 自動車登録番号	Biển số xe
연락처	contact information	联系方式	連絡先	Liên lạc
환절기	the change of seasons	换季	季節の変わり目	Giai đoạn chuyển mùa
대기	waiting	等待	待ち、待機.	Sự chờ đợi
치수	size	尺码	寸法	Kích cỡ
교환	exchange	换货	交換	Đổi

TOPIK II [3]

대화를 듣고 알맞은 그래프 고르기

배점
2점

그래프 문제는 듣기 문제에서는 3번에 출제되기 때문에 아주 어렵지 않지만 토픽 듣기, 쓰기에 모두 나올 정도로 중요합니다. 듣기 문제는 설명하는 내용에서 숫자와 관련된 부분을 놓치지 않고 들으면 쉽게 답을 찾을 수 있습니다.

그동안 출제된 그래프의 주제는 다음과 같습니다.

내용	회차
한국 방문 목적	83
함께 방문하는 사람	
영화관 관객 수	64
관객 수 감소 이유	
직장인들의 점심시간	60
직장인들의 점심 식사 후 활동	
생활 체육 참여율	52
운동별 참여율	
연령별 도서 구매율	47
분야별 도서 판매율	
연도별 수하물 사고 수	41
수하물 사고 종류	
진학 목적	36
진학률과 취업률	
모바일 쇼핑 이용객 비율	35
모바일 쇼핑 이용객 수	

 **문제를 풀기 전에**

* 그래프를 설명할 때 보통 사용하는 표현은 다음과 같습니다.

N을/를 대상으로

조사 대상을 제시할 때

㉠ 대학생 300명**을 대상으로** 아르바이트 경험에 대해 조사했습니다.

N에 따르면 (N에 의하면)

출처를 밝힐 때

㉠ 한 포털 사이트에서 실시한 조사 결과**에 따르면** 아르바이트 경험이 있는 대학생
은 전체의 50%로 나타났습니다.

A/V-(으)ㄴ/는 것으로 나타났습니다

조사 결과를 설명할 때

㉠ 조사 결과에 따르면 운동을 하는 사람의 비율이 계속 증가**한 것으로 나타났습니다**.

(A/V-고) A/V-(으)며 N이/가 그 뒤를 이었습니다

내용을 나열할 때

㉠ 그 결과 편의점 아르바이트가 1위를 차지했**으며** 놀이공원 아르바이트**가 그 뒤를
이었습니다**.

A/V-(으)ㄴ/는 것으로 보입니다

결과를 설명할 때

㉠ 대학생들은 아르바이트를 하면서 많은 경험을 쌓고자 하**는 것으로 보입니다**.

* 이 표현을 활용해서 다음과 같이 그래프를 설명할 수 있습니다.

외국인이 좋아하는 한국의 관광지

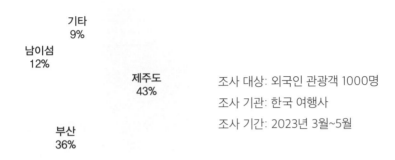

기타
9%

남이섬
12%

제주도
43%

부산
36%

조사 대상: 외국인 관광객 1000명
조사 기관: 한국 여행사
조사 기간: 2023년 3월~5월

> 외국인 관광객 1000명**을 대상으로** 좋아하는 한국의 관광지**에 대해 질문을 했습니다. 조사 결과,** '제주도'라는 응답이 가장 **많았으며** '부산'과 '남이섬'**이 그 뒤를 이었습니다.** 외국인 관광객은 제주도와 부산과 같이 볼거리가 풍부하고 유명한 곳을 **선호하는 것으로 보입니다.**

"여러분도 써보세요" ✏️

외국인 관광객 1000명 (   ) 좋아하는 한국의 관광지 (

). (   ), '제주도'라는 응답이 가장 (   ) '부산'

과 '남이섬'이 (   ). 외국인 관광객은 제주도와 부산과

같이 볼거리가 풍부하고 유명한 곳을 (   ).

※ 토픽 시험에서는 두 개의 그래프를 설명하기 때문에 다음과 같은 형태로 주로 설명합니다.

> 여러분은 운동을 좋아하십니까? 한 포털 사이트의 조사 결과에 따르면 40대 이후 중장년층이 운동을 가장 많이 하는 것으로 나타났습니다. 가장 많이 하는 운동은 걷기였으며 등산이나 골프를 한다는 대답이 그 뒤를 이었습니다.

그래프를 설명하는 방법은 다음과 같습니다.

여러분은 운동을 좋아하십니까?	주제를 설명하거나 앞으로 나올 내용을 조금 이야기하는 부분입니다. 설문 조사의 주제를 질문의 형태로 제시하는 경우가 많습니다.
한 포털 사이트의 조사 결과에 따르면 40대 이후 중장년층이 운동을 가장 많이 하는 것으로 나타났습니다.	주로 보기 ①, ②번에 나오는 그래프를 설명하는 부분이 나옵니다.
가장 많이 하는 운동은 걷기였으며 등산이나 골프를 한다는 대답이 그 뒤를 이었습니다.	주로 보기 ③, ④번에 나오는 그래프를 설명하는 부분이 나옵니다.

 그래프 문제는 쓰기 52번과도 연결됩니다. 그래프를 설명할 때 사용하는 표현을 잘 정리해 두면 쓰기 시험을 볼 때도 도움이 될 것입니다.

83회 3번

※ [1~3] 다음을 듣고 가장 알맞은 그림 또는 그래프를 고르십시오. (각 2점)

3.
> 남자: 외국인 관광객들이 한국을 방문하는 목적은 '휴가'가 가장 많았습니다. 다음으로 '사업'과 '친척 방문'이 뒤를 이었는데요. 그렇다면 외국인 관광객들은 누구와 함께 한국에 올까요? '가족이나 친구'가 54%로 가장 많았고, '혼자'가 33%, '동료'가 10%로 나타났습니다.

①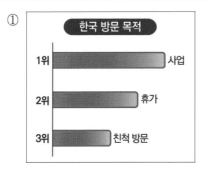

②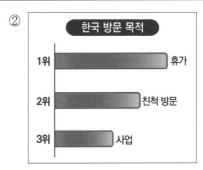

③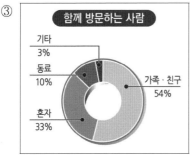

④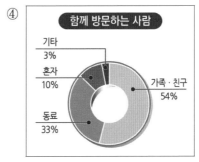

출처: TOPIK 홈페이지

시험을 볼 때 문제가 나오기 전에 그래프를 보고 단어를 확인하세요. 보통 듣기 내용의 앞부분에서 설명하는 그래프가 보기 ①, ②번에 나오고 나중에 설명하는 내용이 보기 ③, ④번에 나옵니다. 보기에 있는 단어를 먼저 확인하고 문제를 들으면 쉽게 풀 수 있습니다. 보기 그래프에서 가장 많은 비율을 차지하는 것이 무엇인지 확인해야 합니다.

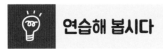 **연습해 봅시다**

1. 다음을 듣고 가장 알맞은 그림 또는 그래프를 고르십시오.

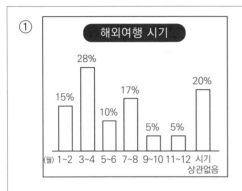

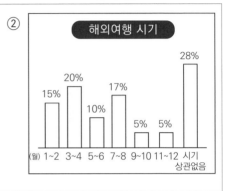

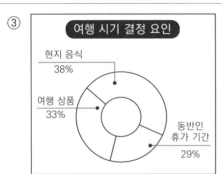

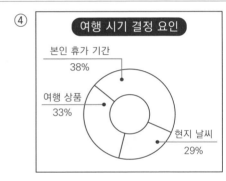

들은 내용을 메모해 보세요.

2. 다음을 듣고 가장 알맞은 그림 또는 그래프를 고르십시오.

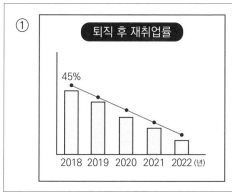

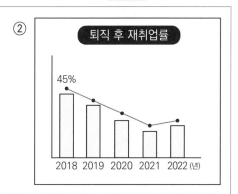

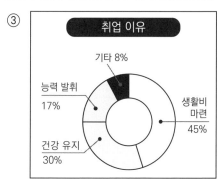

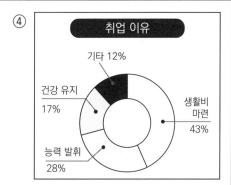

들은 내용을 메모해 보세요.

_____

_____

_____

_____

3. 다음을 듣고 가장 알맞은 그림 또는 그래프를 고르십시오.

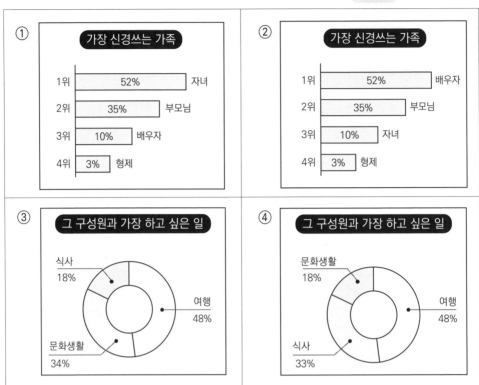

들은 내용을 메모해 보세요.

_____

_____

_____

_____

4. 다음을 듣고 가장 알맞은 그림 또는 그래프를 고르십시오.

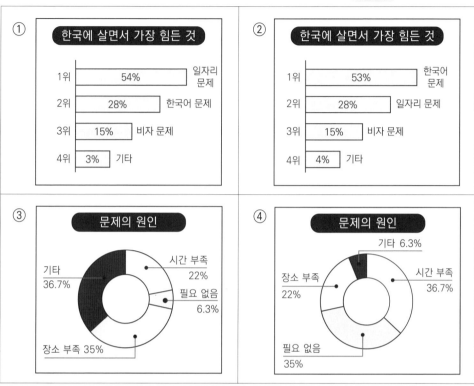

들은 내용을 메모해 보세요.

_____

_____

_____

_____

* 문제를 다시 들으면서 빈칸에 알맞은 말을 쓰세요.

1.

해외여행은 언제 가는 것이 좋을까요? 한 포털 사이트에서 조사한 ① _____

_____ 비성수기인 3, 4월에 간다는 대답이 가장 많았으며 시기에 상

관없다는 대답이 ② _____. 여행 시기를 결정할 때

여행 상품이 가장 큰 비중을 ③ _____ 본인의 휴가와 현지 날씨가

④ _____.

2.

여러분은 나이가 들어 퇴직을 한 후에 무엇을 하고 싶으십니까? 서울시의 조사에 따

르면 노인들의 ① _____이 계속해서 ② _____.

취업을 하는 이유로는 생활비를 ③ _____라는 대답이 가장 많았

으며 건강을 유지하기 위해서와 능력을 발휘하기 위해서가 ④ _____.

3.

5월은 어린이날, 어버이날, 부부의 날 등이 있어서 가정의 달이라고 하지요? 여러

분은 가정의 달 5월에 가족 중 누구를 가장 ① _____?

② _____ 가정의 달 가장 신경쓰는 가족은 역시

③ _____.

부모님과 가장 하고 싶은 일은 여행이 48%였고 식사가 33%, 문화생활이 18%였

습니다.

4.

한국에 살고 있는 외국인들은 한국에 살면서 무엇을 가장 힘들다고 생각할까요?

한 다문화 연구소의 ① _____ 한국어 문제가 가장

② _____, 일자리 문제와 ③ _____.

한국어 문제의 원인은 공부할 시간이 없다는 대답이 가장 많았고 교육이 특별히

필요 없다는 대답도 6.3%나 ④ _____.

듣고 받아쓰기를 모두 했지요? 이제 다시 들으면서 따라 읽어 보세요.

3번 따라 읽어 보세요.

check ✎

☐ ☐ ☐

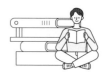

어휘 확인

비성수기	off – season	淡季	オフシーズン	Mùa thấp điểm
상관없다	to have nothing to do with	没关系, 无关	関係ない	Không liên quan, không sao
비중	importance	比重	比重	Tỉ trọng
현지	actual locality	当地	現地	Địa phương
퇴직	retirement	退休	退職	Nghỉ việc, hưu trí
취업률	employment rate	就业率	就職率	Tỉ lệ có việc làm
유지하다	to maintain	维持, 保持	維持する	Duy trì
발휘하다	to prove	发挥, 施展	発揮する	Phát huy
신경쓰다	to pay attention (to)	费心, 关系, 上心	気にする	Quan tâm, để ý
원인	cause	原因	原因	Nguyên nhân

※ 대본을 보면서 들은 내용을 확인해 보세요.

1

해외여행은 언제 가는 것이 좋을까요? 한 포털 사이트에서 조사한 결과에 따르면 비성수기인 3, 4월에 간다는 대답이 가장 많았으며 시기에 상관없다는 대답이 그 뒤를 이었습니다. 여행 시기를 결정할 때 여행 상품이 가장 큰 비중을 차지했으며 본인의 휴가와 현지 날씨가 그 뒤를 이었습니다.

2

여러분은 나이가 들어 퇴직을 한 후에 무엇을 하고 싶으십니까? 서울시의 조사에 따르면 노인들의 퇴직 후 취업률이 계속해서 증가한 것으로 나타났습니다. 취업을 하는 이유로는 생활비를 마련하기 위해서라는 대답이 가장 많았으며 건강을 유지하기 위해서와 능력을 발휘하기 위해서가 그 뒤를 이었습니다.

3

5월은 어린이날, 어버이날, 부부의 날 등이 있어서 가정의 달이라고 하지요? 여러분은 가정의 달 5월에 가족 중 누구를 가장 신경쓰시나요? 한 조사에 따르면 가정의 달 가장 신경쓰는 가족은 역시 부모님인 것으로 나타났습니다.
부모님과 가장 하고 싶은 일은 여행이 48%였고 식사가 33%, 문화생활이 18%였습니다.

4

한국에 살고 있는 외국인들은 한국에 살면서 무엇을 가장 힘들다고 생각할까요? 한 다문화 연구소의 조사에 따르면 한국어 문제가 가장 큰 것으로 나타났으며 일자리 문제와 비자 문제가 그 뒤를 이었습니다. 한국어 문제의 원인은 공부할 시간이 없다는 대답이 가장 많았고 교육이 특별히 필요 없다는 대답도 6.3%나 되는 것으로 나타났습니다.

이어질 수 있는 말 고르기

배점
각 2점

4번부터 8번까지는 다음 [보기]와 같이 대화에 이어질 수 있는 말을 고르는 문제입니다.
일상생활에서 자주 접할 수 있는 다양한 상황이 제시되므로 대화를
잘 듣는 것이 중요합니다.

보기

> 가: 면접시험 잘 봤어요?
>
> 나: 너무 긴장해서 잘 못 본 것 같아요.
>
> 가: _____

① 시험을 잘 봐서 다행이에요.

② 면접시험을 잘할 수 있어요.

③ 긴장하지 말고 시험 잘 보세요.

④ 열심히 준비했으니까 잘될 거예요.

[보기]의 문제는 시험을 본 후에 하는 대화입니다. 그러니까 시험을 보기 전에 말할
수 있는 ②, ③번은 정답이 될 수 없습니다. 그리고 아직 시험의 결과가 나오지 않
으니까 ①번도 정답이 아닙니다. 시험을 못 본 것 같다고 말하는 친구에게 힘을 주
는 말로 ④번이 가장 좋겠습니다.

이 문제 유형의 경우 대화에 나오는 단어가 보기에 있어도 정답이 아닐 수 있습니다.
대화를 잘 듣고 내용을 정확하게 파악하는 것이 가장 중요합니다. 실제 시험에서도 천천
히 말하기 때문에 정확하게 파악하기 어렵지 않습니다. 집중해서 잘 들으세요.

83회 4번

※ [4~8] 다음을 듣고 이어질 수 있는 말로 가장 알맞은 것을 고르십시오. (각 2점)

4.
> 여자 : 민수야, 내가 빌려준 책 읽고 있어? 재미있지?
> 남자 : 응. 재미있어. 근데 언제까지 돌려주면 돼?
> 여자 : _____

① 어제 다 읽었어.
② 천천히 읽고 돌려줘.
③ 책 읽을 시간이 없었어.
④ 재미있는 책 좀 추천해 줘.

출처: TOPIK 홈페이지

남자는 책을 읽고 있습니다. 그래서 ①번과 ③번은 답이 될 수 없습니다. 여자가 책을 이미 추천했습니다. 그래서 ④번도 답이 될 수 있습니다. 마지막 질문에 답을 하면 되는데요. '언제', '돌려주다'가 있습니다. 그래서 ②번이 가장 좋은 답입니다.

83회 5번

5.
> 남자 : 아직도 아르바이트를 못 구했어요.
> 여자 : 학교 앞 식당에서 일할 사람을 찾던데요.
> 남자 : _____

① 그래요? 한번 가 봐야겠어요.
② 그럼요. 내일부터 일하기로 했어요.
③ 정말요? 힘들면 얼마든지 그만두세요.
④ 맞아요. 좋은 곳을 구해서 기분이 좋아요.

출처: TOPIK 홈페이지

이 문제는 질문은 아니지만 아르바이트를 찾고 있는 사람에게 정보를 주고 있지요? 남자는 아직 아르바이트를 못 구해서 일을 안 하고 있으니까 ②, ③, ④번은 모두 정답이 아닙니다.

83회 6번

6.
| 여: 나는 이 운동화로 할래. 너는 뭐 살 거야? |
| 남: 난 파란색하고 하얀색 둘 다 마음에 드는데, 뭐가 더 괜찮아? |

① 그럼 하얀색으로 바꾸러 가자.
② 나는 다른 운동화도 신어 볼래.
③ 새로 산 운동화가 마음에 들어.
④ 파란색이 너한테 더 잘 어울려.

출처: TOPIK 홈페이지

이 문제는 신발을 사고 있는 상황에서 '뭐가 더 괜찮은지' 물어보고 있습니다. 지금 운동화를 구경하고 있는 쇼핑 상황입니다. ①번은 운동화를 '바꾸는' 상황이 아니기 때문에 정답이 아닙니다. ②번은 여자는 이미 사고 싶은 운동화를 결정했기 때문에 정답이 아니지요? ③번은 아직 운동화를 사지 않았기 때문에 정답이 아닙니다. 남자는 아직 결정을 못 했고 여자한테 물어보는 상황이라서 여자는 더 좋은 것을 이야기해 주는 것이 좋습니다. 따라서 정답은 ④번입니다.

7.
> 여자 : 뉴스에서 봤는데 주말부터 장마가 시작된대요.
> 남자 : 그래요? 올해도 작년만큼 비가 많이 올까요?
> 여자 : _____

① 비가 곧 그칠 거래요.
② 일기 예보를 볼 걸 그랬어요.
③ 장마가 끝나니까 진짜 더워요.
④ 작년하고 거의 비슷할 거래요.

출처: TOPIK 홈페이지

이 문제는 질문입니다. 비가 많이 올지 물어보고 있는데요. 그래서 비가 안 오거나 장마가 끝났다고 대답하는 것은 정답이 아닙니다. 정답은 ④번입니다.

8.
> 남자 : 고객 센터죠? 일주일 전에 의자를 주문했는데 아직 안 와서요.
> 여자 : 죄송합니다. 주문량이 많아서 배송이 늦어지고 있습니다.
> 남자 : _____

① 곧 배송된다니 다행이에요.
② 제품에 문제가 있는 것 같아요.
③ 언제쯤 배송될지 확인해 주시겠어요?
④ 고객 센터 전화번호 좀 알려 주실래요?

출처: TOPIK 홈페이지

남자는 물건을 주문하고 언제 오는지 물어보고 있습니다. 그래서 ②번과 ④번은 어울리지 않습니다. 이미 고객 센터에 전화했으니까 특히 ④번은 절대 답이 아닙니다. 대화에서 여자가 배송이 늦어지고 있다고 말했습니다. 아직 배송이 안 되었기 때문에 ①번도 정답이 아니고 정답은 ③번입니다.

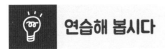 **연습해 봅시다**

1. 다음을 듣고 이어질 수 있는 말로 가장 알맞은 것을 고르십시오.

① 주말에 만나더라고요.

② 모레까지 가능할까요?

③ 정장을 맡도록 하세요.

④ 한 벌은 팔지 않습니다.

들은 내용을 메모해 보세요.

_____

_____

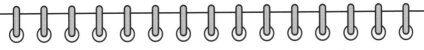

▶ 확인해 볼 표현

A/V-더라고(요)

과거에 경험해서 새롭게 알게 된 사실을 지금 상대방에게 말할 때 사용합니다.

남준 씨는 요즘 뭐 해요?

많이 바쁜가 봐요. 전화도 잘 안 <u>받더라고요</u>.

태형 씨하고 노래방에 갔는데 노래를 정말 <u>잘하더라고요</u>.

그래요? 저는 태형 씨가 노래 부르는 것 본 적이 없는데요.

정국 씨를 만났어요?

어제 만나러 갔는데 일이 정말 <u>많더라고요</u>. 그래서 그냥 왔어요.

2. 다음을 듣고 이어질 수 있는 말로 가장 알맞은 것을 고르십시오.

① 저희는 부대찌개를 주문했는데요.

② 언제쯤 받을 수 있는지 알려 주세요.

③ 주문하신 날짜를 말씀해 주시겠어요?

④ 잘못 만들어서 다시 요리하는 중이에요.

들은 내용을 메모해 보세요.

_____

_____

_____

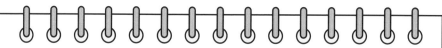

▶ **확인해 볼 표현**

V-는 중이다

어떤 일이 진행되고 있음을 나타냅니다.

이번 모임은 어디에서 할까요?

저도 지금 생각하는 중이에요. 학교 근처 카페는 어떨까요?

발표 준비는 다 했어요?

지금 마무리하는 중이에요. 그런데 연습을 더 해야 할 것 같아요.

여기에서 뭐 해요?

윤오 씨가 온다고 해서 기다리는 중이에요.

3. 다음을 듣고 이어질 수 있는 말로 가장 알맞은 것을 고르십시오.

① 시작하려고 해.

② 흥미진진하고 볼 만해.

③ 방송 다시보기로 한번 봐.

④ 드라마 볼 시간이 없을 정도로 바빠.

들은 내용을 메모해 보세요.

_____

_____

_____

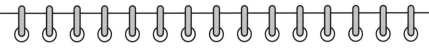

▶ 확인해 볼 표현

V-(으)ㄹ 만하다

앞의 말이 나타내는 행동을 해 볼 정도로 괜찮음을 나타냅니다.

한국에서 <u>가 볼 만한</u> 곳은 어디가 있을까요?

한국은 작은 나라지만 <u>가 볼 만한</u> 곳은 정말 많아요. 제가 알려 드릴게요.

요즘 <u>읽을 만한</u> 책이 있을까?

응. 내가 읽고 있는 책이 있는데 내용도 재미있고 괜찮아. 다 읽고 빌려줄게.

<u>믿을 만한</u> 사람을 팀장으로 뽑고 싶은데요.

그 팀에는 김정국 씨가 있잖아요. 그 사람은 정말 <u>믿을 만하지</u> 않나요?

* 문제를 다시 들으면서 빈칸에 알맞은 말을 쓰세요.

1.

여: 정장 좀 ① _____. 한 벌에 얼마예요?

남: 정장은 한 벌에 만 원입니다. 언제까지 해 드리면 될까요?

2.

남: 저기요. 음식이 잘못 나온 것 같은데요.

여: 그래요? 잠시만요. 김치찌개 이 인분 ① _____?

3.

남: 이 드라마 알아? 이번에 새로 시작했는데 진짜 ① _____.

　　볼 만한 것 같아.

여: 응. 시작한 건 아는데 아직 못 봤어.

듣고 받아쓰기를 모두 했지요? 이제 다시 들으면서 따라 읽어 보세요.

3번 따라 읽어 보세요.

※ 대본을 보면서 들은 내용을 확인해 보세요.

🎧
듣기대본

1

여: 정장 좀 맡기고 싶은데요. 한 벌에 얼마예요?

남: 정장은 한 벌에 만 원입니다. 언제까지 해 드리면 될까요?

2

남: 저기요. 음식이 잘못 나온 것 같은데요.

여: 그래요? 잠시만요. 김치찌개 이 인분 주문하지 않으셨어요?

3

남: 이 드라마 알아? 이번에 새로 시작했는데 진짜 흥미진진하더라. 볼 만한 것 같아.

여: 응. 시작한 건 아는데 아직 못 봤어.

어휘 확인

정장	suit, full dress, formal dress	正裝	正裝	Vest, com－le
벌	a bound noun that serves as a unit for counting the number of clothes	件, 套	(衣服や器物などの揃いを数える語) 着, 具	Bộ (Quần áo)
맡기다	to leave	交给, 寄存, 委托给	預ける	Gửi gắm, giao
흥미진진하다	to be exciting	津津有味, 妙趣橫生	興味津々だ	Đầy hứng thú, hứng khởi

여자가 이어서 할 행동 고르기

배점
각 2점

9번부터 12번까지는 이어서 할 행동을 고르는 문제입니다.

이 유형은 여자와 남자의 대화 중 마지막쯤을 더 집중해서 들어야 합니다.

여자가 대답을 하지 않고 남자가 할 일을 말하는 경우도 있고 마지막쯤에

여자나 남자가 할 일을 말하고 그 이후에 대답이 이어지는 경우도 있습니다.

보기

여: 어제 사 온 빵 다 먹었어?

남: 주방에 있을 거야. 내가 가져다 줄까?

여: 아니야. 내가 갖다 먹을게.

남: 그럼 주방에 간 김에 <u>우유 좀 갖다 줘.</u>

　여자가 이어서 할 행동은 "우유를 가지고 오는 것"입니다.

보기

남: 왜 이렇게 피곤해 보여요?

여: 잠이 못 자서요. 요즘 계속 잠을 못 자겠어요.

남: 그럼 <u>병원에 가 보는 게 어때요?</u>

여: <u>네.</u> 아무래도 그렇게 해야겠어요.

　여자가 이어서 할 행동은 "병원에 가 보는 것"입니다.

평소에 문법과 어휘를 정리해 두는 것이 좋습니다. 문법을 공부할 때 대화 상황이 많이

있는 예문을 공부하는 것이 좋습니다.

※ [9~12] 다음을 듣고 여자가 이어서 할 행동으로 가장 알맞은 것을 고르십시오. (각 2점)

83회 9번

9.

여자 : 사과는 다 씻었고. 이제 자르면 되겠다.
남자 : 자르는 건 내가 할 테니까 거기 있는 냄비 좀 줄래?
여자 : 여기 있어. 근데 잼 만들려면 설탕이 더 필요하겠네. 내가 찾아올까?
남자 : 응. 좀 갖다줘.

① 사과를 씻는다.　　　　　　② 과일을 자른다.
③ 설탕을 가져온다.　　　　　④ 냄비를 찾아온다.

출처: TOPIK 홈페이지

83회 12번

12.

여자 : 감독님, 촬영 준비 끝났습니다. 물건들도 제자리에 놓았고요.
남자 : 그럼 카메라 화면에서 어떻게 보이는지 확인해 봅시다. 음, 저 거울이 꼭 필요할까요?
여자 : 거울이 커서 그런지 사무실처럼 보이지가 않네요. 치울까요?
남자 : 네. 그렇게 해 주세요.

① 거울을 치운다.　　　　　　② 카메라를 설치한다.
③ 카메라 화면을 본다.　　　④ 촬영할 물건을 가져온다.

출처: TOPIK 홈페이지

'여자'의 행동을 고르는 문제입니다. 9번과 12번 문제처럼 여자가 질문을 하고 남자가 동의(응/네)하는 경우가 있습니다. 이때는 여자의 마지막 말대로 하면 됩니다. 그래서 9번은 ③번, 12번은 ①번입니다.

10.

> 남자 : 손님, 놀이 기구 타실 거죠? 그러면 가방은 여기에 보관하시겠어요?
>
> 여자 : 네. 여기요. 모자는 쓰고 타도 돼요?
>
> 남자 : 그것도 날아갈 수 있으니까 같이 보관해 드릴게요.
>
> 여자 : 알겠습니다.

① 모자를 벗는다.
② 놀이 기구에 탄다.
③ 떨어진 물건을 줍는다.
④ 남자에게 가방을 받는다.

출처: TOPIK 홈페이지

남자의 말을 주의해야 하는 경우도 있습니다. 이 문제의 경우 남자가 모자를 보관해 준다고 했고 여자는 알겠다고 했습니다. 그래서 여자가 모자를 남자한테 주는 것, 정답은 ①번입니다.

어휘 확인

자르다	to cut	剪, 裁	切る	Cắt
필요하다	to be necessary	需要	必要だ	Cần thiết
촬영	photographing, shoot	拍摄, 摄影	撮影	Quay phim
제자리	(in) place	原处, 自己的位置	元の場所	Vị trí ban đầu
놓다	to put	放, 搁置	置く	Để lại, đặt
치우다	to move, to remove, to clear (away)	收拾, 拿开, 规整	片付ける	Dọn sạch
보관하다	to keep	保管	保管する	Bảo quản
날아가다	to fly	飞走	飛ぶ	Bay lên

1. 다음 대화를 잘 듣고 <u>여자</u>가 이어서 할 행동으로 가장 알맞은 것을 고르십시오.

① 남자를 기다린다.

② 음식을 준비한다.

③ 물건을 확인한다.

④ 언니한테 전화한다.

들은 내용을 메모해 보세요.

_____

_____

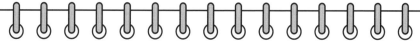

▶ 확인해 볼 표현

A-다고 하다, V-ㄴ/는다고 하다

다른 사람에게 들은 내용을 전달할 때 사용합니다.

> 라라 씨는 왜 안 와요?
>
> 아파서 오늘 못 <u>온다고 해요.</u>
>
> 그 영화 봤어요?
>
> 아니요. 그런데 제 친구가 너무 <u>슬프다고 했어요.</u>
>
> 오스틴 씨가 다음 주에 고향으로 <u>돌아갈 거라고 했어요.</u>
>
> 그래요? 그럼 가기 전에 한번 만나야겠네요.

2. 다음 대화를 잘 듣고 여자가 이어서 할 행동으로 가장 알맞은 것을 고르십시오.

① 집에서 전화한다.

② 학교 축제에 간다.

③ 집에서 청소를 한다.

④ 바람 때문에 안 나간다.

들은 내용을 메모해 보세요.

_____

_____

▶ 확인해 볼 표현

N(이)나

1) 아주 만족스럽지 않지만 선택함을 나타냅니다.

날씨가 좋은데 영화 보러 갈까?

영화도 좋은데 그냥 집에 가서 잠이나 잘래.

2) 수나 양을 나타내는 말과 함께 써서 생각보다 크거나 많음을 나타냅니다.

우리 집에는 강아지가 다섯 마리 있어요.

강아지를 다섯 마리나 키워요? 너무 힘들지 않아요?

3) 수, 양이나 정도를 추측할 때 사용합니다.

오늘 파티에 몇 명이나 올까요?

글쎄요. 우리 반 친구들은 거의 온다고 했어요.

3. 다음 대화를 잘 듣고 <u>여자가</u> 이어서 할 행동으로 가장 알맞은 것을 고르십시오.

① 모기를 잡는다.

② 눈이 부어서 긁는다.

③ 얼음찜질을 해 본다.

④ 조금 더 자고 일어난다.

들은 내용을 메모해 보세요.

_____

_____

_____

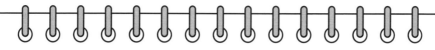

▶ 확인해 볼 표현

A/V-기는(요)

상대방의 말을 가볍게 부정하여 말할 때 사용합니다.

줄리아 씨는 한국어를 정말 잘하는 것 같아요.

<u>잘하기는요</u>. 아직 한국 사람처럼 말하려면 멀었어요.

어제 공부 많이 했어요?

많이 <u>하기는요</u>. 친구가 갑자기 찾아와서 하나도 못 했어요.

이 가방 비싸지 않아요?

<u>비싸기는요</u>. 50% 세일을 해서 싸게 샀어요.

4. 다음 대화를 잘 듣고 여자가 이어서 할 행동으로 가장 알맞은 것을 고르십시오.

① 창밖을 본다.

② 오후에 일을 하러 나간다.

③ 내일 일기예보를 확인한다.

④ 오늘의 날씨를 검색해 본다.

들은 내용을 메모해 보세요.

_____

_____

▶ 확인해 볼 표현

N(이)라도

1) 가장 좋은 선택은 아니지만 그래도 괜찮음을 나타냅니다.

　　배가 너무 고파요. 집에 밥 없어요?

　　밥은 없는데 라면이라도 먹을래요?

2) 다른 것과 마찬가지임을 나타냅니다.

　　어디에 가면 좋을까요?

　　유라 씨와 함께 가면 어디라도 좋아요.

3) 시간이나 수, 양을 나타내는 말과 함께 써서 의미를 강조함을 나타냅니다.

　　내일 수업은 중요하니까 한 명이라도 결석하면 안 돼요.

　　네. 알겠습니다.

* 문제를 다시 들으면서 빈칸에 알맞은 말을 쓰세요.

1.

> 남: 이제 출발하자. ① _____ 없겠지?
>
> 여: 응. 다 확인했어. 그런데 캠핑장에서 먹을 음식을 언니가 ② _____
>
>   언니한테 전화해 볼까?
>
> 남: 그래. 그럼 나는 일단 다른 짐들을 차에 ③ _____.
>
> 여: 응. 조금만 기다려 줘.

2.

> 남: 오후에 뭐 할 거예요?
>
> 여: 그냥 집에서 ① _____ 하려고요.
>
> 남: 그러지 말고 저랑 같이 공연 보러 가요.
>
>   학교에서 축제를 하는데 오늘 유명한 가수가 온대요.
>
> 여: 사람이 많고 ② _____ 싫지만. 알겠어요.
>
> 남: 밖에서 ③ _____ 공연도 봐요. 집 근처에 가서 전화할게요.

3.

> 남: 왜 이렇게 눈이 부었어요? 울었어요?
>
> 여: 아니요. 울기는요. 자고 ① _____ 눈이 이렇게 ② _____.
>
>   모기한테 물린 것 같아요. ③ _____.
>
> 남: 그냥 두지 말고 얼음찜질이라도 해 봐요.
>
> 여: 네. 아무래도 ④ _____.

4.

여: 창밖 좀 보세요. 갑자기 비가 많이 와요. ① _____ 번개까지

치니까 살짝 무섭네요.

남: 오늘 비 온다는 이야기 있었어요?

여: 아침에 일기예보를 못 봐서요. 잠깐만요. ② _____.

남: 네. 오후에 일이 있는데 비가 ③ _____.

듣고 받아쓰기를 모두 했지요? 이제 다시 들으면서 따라 읽어 보세요.

3번 따라 읽어 보세요.

check ✐

☐ ☐ ☐

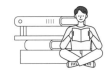

어휘 확인

캠핑장	campground	露营地	キャンプ場	Khu vực cắm trại
짐	freight, cargo	行李	荷物	Hành lý
싣다	to load	装, 载	積む	Chất, xếp (hành lý)
축제	festival	庆典, 活动	祭り	Lễ hội
바람을 쐬다	to get some fresh air	兜风	風に当たる	Hóng gió
붓다	to pour	倒, 倾注, 肿	注ぐ, 注ぐ	Sưng
물리다	to be bitten	被咬, 让含着	噛まれる	Bị chích, bị đốt, bị cắn
자꾸	repeatedly	总是, 经常	しきりに	Thường xuyên
가렵다	to feel itchy	痒	かゆい	Ngứa ngáy
천둥	thunder	雷	雷	Sấm sét
번개	lightning	闪电	稲妻	Chớp
치다	to strike	打	打つ	Đánh
살짝	slightly	轻轻地, 稍微	そっと	Hơi

※ 대본을 보면서 들은 내용을 확인해 보세요.

듣기대본

1

남: 이제 출발하자. 잊어버린 거 없겠지?

여: 응. 다 확인했어. 그런데 캠핑장에서 먹을 음식을 언니가 준비한다고 했는데 언니한테 전화
    해 볼까?

남: 그래. 그럼 나는 일단 다른 짐들을 차에 싣고 있을게.

여: 응. 조금만 기다려 줘.

2

남: 오후에 뭐 할 거예요?

여: 그냥 집에서 청소나 하려고요.

남: 그러지 말고 저랑 같이 공연 보러 가요. 학교에서 축제를 하는데 오늘 유명한 가수가 온대
    요.

여: 사람이 많고 시끄러운 곳은 좀 싫지만…. 알겠어요.

남: 밖에서 바람도 쐬고 공연도 봐요. 집 근처에 가서 전화할게요.

3

남: 왜 이렇게 눈이 부었어요? 울었어요?

여: 아니요. 울기는요. 자고 일어났더니 눈이 이렇게 부었더라고요. 모기한테 물린 것 같아요.
    자꾸 가려워요.

남: 그냥 두지 말고 얼음찜질이라도 해 봐요.

여: 네. 아무래도 그래야겠어요.

4

여: 창밖 좀 보세요. 갑자기 비가 많이 와요. 천둥도 치고 번개까지 치니까 살짝 무섭네요.

남: 오늘 비 온다는 이야기 있었어요?

여: 아침에 일기예보를 못 봐서요. 잠깐만요. 지금이라도 인터넷으로 확인해 볼게요.

남: 네. 오후에 일이 있는데 비가 그쳤으면 좋겠네요.

TOPIK II [13-16]

들은 내용과 같은 것 고르기

배점
각 2점

13번부터 16번까지는 내용과 일치하는 것을 고르는 문제입니다. 이 부분은 중급 수준의 문제이기 때문에 내용이 아주 어렵지 않습니다. 문제가 나오기 전에 보기에 나오는 내용을 먼저 읽으면 문제를 푸는 데 도움이 될 것입니다.

출제된 상황	
13번	일상 대화: 모임 불참 이유, 진로 상담 프로그램에 대한 대화, 부모님 선물, 체험 학습 후기, 쇼핑몰에서 물건 구매하기
14번	안내 방송: 쇼핑몰 세일 안내, 열차 안내 방송, 방문 일정 안내, 회사 에너지 절약 안내, 영화 촬영 안내, 아파트 소방 시설 점검 안내, 아파트 내 축제 안내
15번	뉴스: 일기예보(태풍, 폭우), 생활 정보, 사건·사고(지하철 정전 사고, 교통사고), 지역 사회, 공연 소식
16번	인터뷰: 배구 선수, 아트센터 관계자, 문화센터 강사, 재래시장 관계자, 기차역 관계자, 공연 연출가, 나무 치료사

🔍 최근 문제 살펴보기

83회 일상 대화

※ [13~16] 다음을 듣고 들은 내용과 같은 것을 고르십시오. (각 2점)

13.

> 여자 : 이 사진 좀 볼래? 이게 모형이래. 실제 배하고 똑같지?
> 남자 : 와, 정말 잘 만들었다. 근데 뭐로 만든 거야? 나무인가?
> 여자 : 아니. 가죽으로 만든 거래.
> 남자 : 신기하다. 가죽을 이용해서 배 모형을 만들다니. 직접 한번 보고 싶다.

① 두 사람은 모형 배를 만드는 중이다.
② 이 모형 배는 가죽으로 만들어졌다.
③ 여자는 남자가 준 사진을 보고 있다.
④ 남자는 이 모형 배를 직접 본 적이 있다.

출처: TOPIK 홈페이지

①번~④번까지 먼저 읽은 후에 문제를 들을 때 내용과 다른 것, 정답이 아닌 것을 지우면서 들어야 합니다. '배' 사진을 보면서 이야기하고 있는데 여자가 사진을 보여주는 상황이라서 ③번은 정답이 아닙니다. 그리고 '배'를 이미 만든 것이니까 ①번도 정답이 아니고 남자가 직접 보고 싶다고 이야기했으므로 ④번도 아닙니다. 정답은 ②번인데 대화에 '가죽'으로 만들었다는 내용이 나옵니다.

일상생활에서 하는 대화는 주제가 매우 다양합니다. 그 점을 기억하고 평소에 드라마처럼 일상생활을 볼 수 있는 것을 많이 보고 들어야 합니다.

한국어는 '주어'가 생략되는 경우가 많습니다. 이 문제의 경우도 대화의 주제가 되는 '배'에 대해 설명하는 부분에서 '배'라는 주어를 말하지 않고 '가죽으로 만든 거'라고 이야기합니다. 대화의 주제를 파악하는 것도 문제를 푸는 데 도움이 되겠지요?

모형	model, miniature	模型, 样式	模型	mô hình
실제	actual	实际	実際	thực tế
가죽	leather	(动物）皮	革	da động vật
이용하다	to use	使用, 利用	利用する	sử dụng

14.

> 여자 : 댄스 대회에 오신 여러분께 안내 드립니다. 잠시 후 두 시부터 개회식이 열립니다. 대기실에 계신 참가자들은 대회장으로 오시기 바랍니다. 개회식이 끝나는 대로 예선 경기가 시작되오니 그 자리에서 기다려 주십시오. 대회 중에는 촬영을 할 수 없으니 협조 부탁드립니다.

① 개회식은 대회장에서 열린다.
② 대회의 장면을 찍을 수 있다.
③ 예선 경기는 두 시에 시작된다.
④ 개회식 후에 대기실로 가야 한다.

출처: TOPIK 홈페이지

14번은 안내 방송이 나온다고 했지요? 문제를 푸는 방법은 13번과 비슷합니다. ①번부터 ④번까지 먼저 읽은 후에 답을 찾도록 합니다.

대회의 개회식이 열리는데 대회장으로 오라고 했으니 정답은 ①번입니다. 촬영을 할 수 없다고 했으므로 ②번은 잘못되었고, 2시에 개회식이 시작하기 때문에 ③번은 잘못된 것입니다. 사람들은 대기실에 있었고 개회식 때 대회장으로 오라고 했으니 ④번도 정답이 아닙니다.

개회식	opening ceremony	(会议) 开幕式	開会式	Lễ khai hội, khai mạc
열리다	to open, to be held, to take place	召开, 举办	開かれる	Được mở ra
대기실	waiting room	候场室, 休息室	控え室	Phòng chờ
참가자	participant	参加人员	参加者	Người tham gia
예선	the preliminaries	预选	予選	Cuộc thi vòng loại
촬영	photographing, shoot	摄影, 拍摄	撮影	Quay phim
협조	cooperation	协助, 帮助	協力	Hợp tác

15.

> 남자 : 어젯밤 열 시, 인주산에서 길을 잃은 등산객 네 명이 구조됐습니다. 등산객의 구조 요청을 받은 구조대원들은 곧바로 수색 작업을 시작해 두 시간 만에 등산객 모두를 발견했습니다. 등산객들은 산 정상에서 내려오던 중 날이 어두워져 길을 잃은 것으로 확인됐습니다.

① 이 사고는 오전에 발생했다.
② 등산객들은 모두 구조되었다.
③ 사고 발생 원인을 조사할 예정이다.
④ 산 정상에 오르다가 사고가 발생했다.

출처: TOPIK 홈페이지

15번은 뉴스에서 자주 나오는 사건, 사고나 일기예보 등이 나옵니다. 이 사고는 어젯밤 10시에 일어난 사고이고 산 정상에서 내려오다가 생긴 사고이므로 ①번과 ④번 모두 정답이 아닙니다. 사고의 '원인'이라는 단어는 나오지 않지만 날이 어두워져서 길을 잃었다고 했으니 ③번도 아닙니다. 뉴스의 중간 이후에 길을 잃은 등산객 모두를 발견했다고 했습니다. 따라서 정답은 ②번입니다.

평소에 한국 뉴스를 들어 보는 것도 좋습니다. 어떤 사건이나 사고, 일기예보 같은 뉴스는 평소에도 조금씩 들어 보도록 하세요.

구조되다	to be rescued	被救, 获救	救助される	Được cứu hộ
등산객	climber	登山客	登山客	Người leo núi
요청을 받다	to receive a request	收到请求, 接到邀请	要請を受ける	Nhận lời yêu cầu
곧바로	immediately	立刻, 马上	すぐに	Ngay lập tức
수색	search	搜索, 搜寻	搜索	Tìm kiếm
발견하다	to find, to discover	发现	発見する	Phát hiện
내려오다	to come down, to descend	下来	降りる	Đi xuống

16.

> 남자 : 작가님의 그림이 인기를 얻고 있는 이유는 뭐라고 생각하십니까?
>
> 여자 : 우리 주변의 흔하고 평범한 소재를 따뜻하게 그리기 때문이 아닐까요? 저는 행복했던 어린 시절을 기억하고 싶어서 70세가 넘어서야 그림을 그리기 시작했어요. 물론 배운 적도 없고요. 꾸미지 않은 그런 느낌을 사람들이 좋아해 주는 것 같아요.

① 여자는 전문적으로 그림을 배웠다.

② 여자의 그림은 화려한 느낌을 준다.

③ 여자는 화가가 된 지 70년이 넘었다.

④ 여자는 평범한 것을 그림의 소재로 삼는다.

출처: TOPIK 홈페이지

다양한 직업을 가진 사람들과의 인터뷰입니다. 특별한 직업을 가진 사람과 인터뷰가 나오기 때문에 조금 어려운 느낌이 들 수도 있지만 앞의 문제들과 같은 방법으로 문제를 풀면 됩니다.

여자는 그림을 70살이 넘어서 그리기 시작했고 배운 적이 없다고 했습니다. 따라서 ①, ④번은 정답이 아닙니다. 그리고 꾸미지 않은 느낌을 주는 그림이라고 했으므로 ②번 역시 답이 아닙니다. 정답은 ④번인데요. 여자가 처음에 '흔하고 평범한 소재를 따뜻하게 그린다'고 말했습니다.

인기를 얻다	to win popularity	受欢迎, 火	人気を得る	Có được sự nổi tiếng
흔하다	to be commonplace	常见, 平常	ありふれている	Phổ biến
평범하다	to be normal	平凡	平凡だ	Bình thường
꾸미다	to decorate	打扮, 装饰, 营造	飾る	Tô vẽ, tô điểm
느낌	feeling	感觉	感じ	Cảm giác
전문적	specialized	专门的, 专业的	専門的	Tính chuyên nghiệp

 **연습해 봅시다**

1. 다음을 듣고 들은 내용과 같은 것을 고르십시오.

① 남자는 안과에 접수를 할 것이다.

② 여자는 화장실에 갔다가 갈 것이다.

③ 여자는 병원이 어디에 있는지 알고 있다.

④ 남자는 몸살에 걸렸지만 병원에는 안 갈 것이다.

들은 내용을 메모해 보세요.

_____

_____

▶ 확인해 볼 표현

A/V-(으)ㄴ/는지

뒤에 오는 내용에 대한 정확하지 않은 이유나 판단을 나타냅니다.

왜 이렇게 연락이 안 돼요? 혹시 무슨 일이 있는 건 <u>아닌지</u> 걱정했어요.

아, 미안해요. 갑자기 일이 생기는 바람에 연락을 못 했어요.

그 옷이 너무 <u>비싼지</u> 동생이 안 사더라고요.

그랬어요? 무슨 옷이었는데요?

여행 재미있었지요? 그런데 유라는요?

여행이 <u>힘들었는지</u> 자고 있어요.

2. 다음을 듣고 들은 내용과 같은 것을 고르십시오.

① 방송에 필요하면 촬영을 할 수 있다.

② 방송에 가수와 배우가 출연할 예정이다.

③ 라디오 방송은 언제나 생방송으로 한다.

④ 오늘 공개 방송은 두 번 녹음을 할 것이다.

들은 내용을 메모해 보세요.

_____

_____

_____

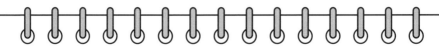

▶ 확인해 볼 표현

A/V-고(요)

앞에 오는 말에 내용을 더해 말할 때 사용합니다.

할머니, 몸은 좀 괜찮으세요?

응. 괜찮아. 아픈 데도 <u>없고</u>.

어디야? 전화도 안 <u>받고</u>.

친구들이랑 이야기하느라 몰랐어. 미안해. 무슨 일이야?

아직도 일하세요? 점심도 안 <u>드시고요</u>?

네. 할 일이 많아서요. 이제 밥 먹으러 가려고요.

3. 다음을 듣고 들은 내용과 같은 것을 고르십시오.

　① 이 열차는 지금도 운행하고 있다.

　② 이 사고의 원인은 이미 밝혀졌다.

　③ 이 사고 때문에 지하철 관계자들은 매우 힘들었다.

　④ 이 사고 때문에 근처 버스 정류장은 매우 복잡했다.

들은 내용을 메모해 보세요.

_____

_____

_____

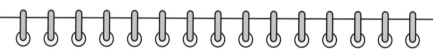

▶ 확인해 볼 표현

N(으)로 인해

어떤 일의 원인이나 이유를 나타냅니다.

- 이번 홍수로 인해 많은 지역이 큰 피해를 입었다.

- 스트레스로 인해 병원을 찾는 사람들이 증가하고 있다.

- 폭설로 인한 사고가 많이 발생하고 있으니 주의하시기 바랍니다.

4. 다음을 듣고 들은 내용과 같은 것을 고르십시오.

① 이 가수는 많은 가수의 공연을 기획했다.

② 오늘 공연은 이 가수의 천 번째 공연이다.

③ 이 가수의 공연에는 한계를 느끼기 어렵다.

④ 이 가수는 팬들과 함께 공연을 준비하고 있다.

들은 내용을 메모해 보세요.

_____

_____

_____

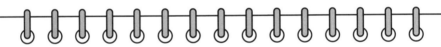

▶ **확인해 볼 표현**

V-다 보니(까)

앞에 오는 내용을 반복해서 한 결과 뒤의 내용, 상황, 결과가 생겼음을 나타냅니다.

두 사람은 어떻게 친해졌어요?

처음에는 별로 안 친했는데 자주 만나서 이야기하다 보니까 공통점이 많더라고요.

그래서 친해졌어요.

한국어를 정말 잘하네요. 비결이 뭐예요?

친구들이랑 한국어로만 말하다 보니 잘하게 됐어요.

이제 매운 음식도 잘 먹네요. 한국 생활에 잘 적응한 모양이에요.

네. 처음에는 음식 때문에 힘들었는데 자꾸 먹다 보니까 익숙해지더라고요.

* 문제를 다시 들으면서 빈칸에 알맞은 말을 쓰세요.

1.

> 남: ① _____ 으슬으슬 춥네.
>
> 여: 병원에 가는 게 좋겠어. 이 건물 1층에 내과가 있어. 문 닫기 전에 빨리 가자.
>
> 남: 그래. 그럼 미안하지만 먼저 가서 ② _____?
>   화장실 좀 갔다 갈게.
>
> 여: 알겠어. 지금 시간에는 사람이 별로 ③ _____ 빨리 와.
>
> 남: 응. 고마워.

2.

> 여: 오늘 저희 라디오 공개 방송에 와 주신 분들께 ① _____.
>   오늘은 두 번 방송을 할 예정인데요. 첫 번째 방송 1회분은 생방송으로
>   ② _____. 두 번째 방송은 녹음으로 진행해서 다음 주에
>   ③ _____. 먼저 생방송으로 진행되는 라디오 공개 방송
>   에는 최근 ④ _____ 가수 유나 씨와 배우 김인주 씨가 출연하실
>   예정입니다. 방송 중에는 화장실을 가실 수 없고 촬영을 하실 수 없습니다. 이 점
>   ⑤ _____. 잠시 후 방송을 시작하겠습니다.

3.

> 남: 오늘 오전 7시 40분경 지하철 1호선 열차의 고장으로 지하철 운행이 지연되는 일이
>   발생했습니다. 이 사고로 인해 출근길 승객들이 ① _____.
>   지하철 관계자의 ② _____ 전동차가 ③ _____
>   멈춰 선 것이라고 합니다. 이 사고로 지하철을 타지 못한 승객들이 버스를 타기 위
>   해 ④ _____ 버스 정류장이 매우 혼잡해지기도 했습니다. 현재 열차는
>   ⑤_____ 고장 원인을 ⑥ _____.

4.

여: 오늘로 공연 1000회를 하신 가수 김남준 씨와 함께하고 있습니다. 공연 1000회라니 정말 대단하신 것 같습니다. 공연도 ① _____.
힘들지는 않으세요?

남: 네. 사실 공연을 준비하는 일은 ② _____. 저는 그냥 노래만 하는 게 아니라 공연의 ③ _____ ④ _____ 한계를 느낄 때도 있습니다. 그래도 공연에서 저를 ⑤ _____ 팬 분들을 ⑥ _____ 너무 큰 감동을 받게 돼요. 공연은 그 매력에서 쉽게 빠져 나올 수 없는 것 같아요.

듣고 받아쓰기를 모두 했지요? 이제 다시 들으면서 따라 읽어 보세요.

3번 따라 읽어 보세요.

check✎

☐ ☐ ☐

_____

_____

_____

_____

_____

_____

_____

어휘 확인

으슬으슬	chilly	瑟瑟(发抖), 冷飕飕地	ぞくぞくと	Một cách run rẩy, lẩy bẩy
내과	department of internal medicine	内科	内科	Khoa nội
접수하다	to receive	接收, 挂号	受付する	Đăng ký, tiếp nhận
진행되다	to progress	进行, 开展	進行する	Được tiến hành
출연하다	to appear	出演	出演する	Xuất hiện (trên TV), đóng góp
주목받다	to receive attention	受关注	注目される	Nhận được sự quan tâm, chú ý
양해	understanding, consent, excuse	谅解	了解	Sự cảm thông
지연되다	to be delayed	延迟, 晚点	遅延する	Bị chậm trễ, trì hoãn
불편을 겪다	to experience inconvenience	造成不便, 深受…之扰	不便を強いられる	Cảm thấy bất tiện
원인	cause	原因	原因	Nguyên nhân
몰리다	to flock	被赶到, 聚集到	集中する	Bị dồn, ép
혼잡하다	to be overcrowded	拥挤, 混乱	混雑している	Hỗn loạn, phức tạp (giao thông)
대단하다	to be incredible	了不起	すごい	Tài giỏi
전반적	overall	全部的, 整个的, 总的	全般的	Mang tính toàn bộ
기획	plan	企划, 策划	企画	Kế hoạch, dự án
한계	limit	界限, 边界	限界	Giới hạn, hạn mức
응원하다	to cheer	助威, 支持	応援する	Ủng hộ
매력	charm	魅力	魅力	Sức hấp dẫn, sự lôi cuốn

※ 대본을 보면서 들은 내용을 확인해 보세요.

듣기대본

1

남: 몸살이 오는지 으슬으슬 춥네.

여: 병원에 가는 게 좋겠어. 이 건물 1층에 내과가 있어. 문 닫기 전에 빨리 가자.

남: 그래. 그럼 미안하지만 먼저 가서 접수 좀 해 줄래? 화장실 좀 갔다 갈게.

여: 알겠어. 지금 시간에는 사람이 별로 없을 테니까 빨리 와.

남: 응. 고마워.

2

여: 오늘 저희 라디오 공개 방송에 와 주신 분들께 감사의 말씀드립니다. 오늘은 두 번 방송을
할 예정인데요. 첫 번째 방송 1회분은 생방송으로 진행되겠고요. 두 번째 방송은 녹음으로
진행해서 다음 주에 방송될 예정입니다. 먼저 생방송으로 진행되는 라디오 공개 방송에는 최
근 주목받고 있는 가수 유나 씨와 배우 김인주 씨가 출연하실 예정입니다. 방송 중에는 화장
실을 가실 수 없고 촬영을 하실 수 없습니다. 이 점 양해 부탁드립니다. 잠시 후 방송을 시작
하겠습니다.

3

남: 오늘 오전 7시 40분경 지하철 1호선 열차의 고장으로 지하철 운행이 지연되는 일이 발생했습니
다. 이 사고로 인해 출근길 승객들이 불편을 겪었는데요. 지하철 관계자의 말에 따르면 전동차
가 원인을 알 수 없는 고장으로 멈춰 선 것이라고 합니다. 이 사고로 지하철을 타지 못한 승객들
이 버스를 타기 위해 몰리면서 버스 정류장이 매우 혼잡해지기도 했습니다. 현재 열차는 운행을
중단하고 고장 원인을 알아보는 중이라고 합니다.

4

여: 오늘로 공연 1000회를 하신 가수 김남준 씨와 함께하고 있습니다. 공연 1000회라니 정말
대단하신 것 같습니다. 공연도 재미있기로 유명하신데요. 힘들지는 않으세요?

남: 네. 사실 공연을 준비하는 일은 쉽지 않습니다. 저는 그냥 노래만 하는 게 아니라 공연의
전반적인 기획도 함께하다 보니 한계를 느낄 때도 있습니다. 그래도 공연에서 저를 응원해
주시는 팬분들을 보면 너무 큰 감동을 받게 돼요. 공연은 그 매력에서 쉽게 빠져 나올 수
없는 것 같아요.

남자의 중심 생각 고르기

배점
각 2점

17번부터 20번까지는 남자의 중심 생각을 고르는 문제입니다.
대화 속 남자의 생각과 의견을 잘 들으면 쉽게 답을 찾을 수 있는 문제 유형입니다.

17번부터 19까지는 찬성과 반대의 상황이 생길 수 있는 주제가 주로 나오고 서로 의견
이 다른 두 사람이 대화를 합니다. 찬성과 반대의 상황이기는 하지만 일상에서 나눌 수
있는 대화가 출제됩니다.

예를 들면 화려한 결혼식과 소규모 결혼식에 대한 의견, 인터넷 쇼핑이나 아이 교육에
대한 토론, 회사를 그만두고 가는 세계 여행, 커피숍에서 공부하는 것, 연예인이 자신의
자녀와 함께 방송에 출연하는 것, 공부하기 좋은 시간, 다양한 분야의 사람들을 만나는
것의 장점 등입니다.

20번은 주로 인터뷰 형식의 대화가 나옵니다. 주로 인터뷰 대상자에게 어떤 일을 하
는 이유, 가장 강조하고 싶은 부분, 신경 써야 하는 부분, 특별한 계기 등을 질문합니다.
보통 인터뷰 대상자들의 말을 잘 들으면 중심 생각을 고를 수 있습니다.

출제된 인터뷰 대상자
악기 없이 노래하는 가수, 특별한 식당 사장, 번역가, 작가, 한복 디자이너

83회 18번

※ [17~20] 다음을 듣고 남자의 중심 생각으로 가장 알맞은 것을 고르십시오. (각 2점)

18.

> 남자 : 요즘 새벽에 일어나서 공부하는데 집중이 잘 되더라.
> 여자 : 그래? 난 새벽에 일어나면 많이 피곤할 것 같은데.
> 남자 : 처음엔 나도 좀 피곤했는데 이제는 공부가 잘돼서 좋아.

① 공부는 매일 하는 것이 중요하다.
② 공부하는 장소를 바꿀 필요가 있다.
③ 새벽에 일어나서 공부하는 게 좋다.
④ 피곤할 때는 적당한 휴식도 필요하다.

출처: TOPIK 홈페이지

여자는 남자의 말에 동의하기도 하지만 보통은 다른 생각을 가지고 있습니다. 남자는 여자의 말을 인정하면서 자신의 의견을 주로 이야기합니다. 이 문제 유형에서는 남자의 말에 좀 더 집중해서 들으면 쉽게 답을 찾을 수 있습니다.

이 문제에서는 남자가 새벽에 일어나서 공부하는 게 좋다고 이야기하고 있는데 처음에는 좀 피곤했지만 지금은 괜찮다고 했습니다.

공부를 매일 하는 것, 장소를 바꾸는 것, 적당한 휴식에 대한 이야기는 나오지 않았습니다. 따라서 정답은 ③번입니다.

집중	concentration	集中	集中	Sự tập trung
바꾸다	to change	改变, 换, 翻译	変える	Thay đổi
적당하다	to be suitable (for)	适宜, 恰当, 合适	適当だ	Vừa phải, mức thích hợp

20.

> 여자 : 선생님, 마을 이름에 대한 책을 내신 특별한 계기가 있으신가요?
>
> 남자 : 네. 지명에는 지금은 안 쓰는 옛날 말이 많이 남아 있습니다. 특히 마을의 문화나 자연을 가리키는 말들 중에 무척 아름다운 표현들이 많은데요. 그런 표현들이 다시 우리의 일상으로 들어와 삶의 곳곳에서 사용됐으면 하는 마음으로 책을 쓰게 됐어요.

① 오래된 지명을 새롭게 바꿀 필요가 있다.

② 지명은 많은 사람이 알기 쉽게 만들어야 한다.

③ 지명에 쓰인 아름다운 옛말이 사용되면 좋겠다.

④ 지명을 만들 때는 마을의 문화를 반영해야 한다.

출처: TOPIK 홈페이지

여자는 특별한 일을 한 남자를 인터뷰합니다. 그 일을 하게 된 이유나 계기 등을 질문하니까 남자의 말을 잘 들으면 됩니다.

이 인터뷰에서 남자는 책을 쓴 작가입니다. 이 남자가 쓴 책은 '마을의 이름'에 대한 것인데 이런 지명에 아름다운 표현이 많아서 많이 사용되기를 바란다고 했습니다. 따라서 정답은 ③번입니다.

지명을 바꾸는 것이나 지명을 알기 쉽게 만들어야 한다는 말, 마을의 문화를 반영해야 한다는 내용은 나오지 않습니다.

계기	chance, opportunity	契机, 机会	きっかけ	Động lực
특히	particularly	特別是	特に	Đặc biệt
가리키다	to point, to indicate	指, 把…叫…	指す	Biểu thị, đưa ra
일상	daily life	日常	日常	Cuộc sống hàng ngày
오래되다	to be long	时间长, 悠久	古い	Cũ, lâu năm
반영하다	to reflect	反映	反映する	Được phản ánh

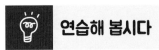 **연습해 봅시다**

1. 다음을 듣고 <u>남자</u>의 중심 생각으로 가장 알맞은 것을 고르십시오.

① 커피숍에서 집중하기 더 좋다.

② 커피값이 비싸기 때문에 오래 이용해도 된다.

③ 약간 소음이 있어야 책을 읽는 데 집중할 수 있다.

④ 커피숍에 오래 있으면 장사하는 데 방해가 될 수 있다.

들은 내용을 메모해 보세요.

_____

_____

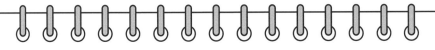

▶ **확인해 볼 표현**

V-는 데

어떤 일이나 경우, 상황을 가리킬 때 사용합니다.

언니는 며칠 동안 그림을 <u>그리는 데</u>만 집중하고 있어요.

그러게요. 밥도 안 먹고 그림만 그리네요.

용돈을 다 어디에 쓴 거야?

책 <u>사는 데</u> 다 썼죠. 새 학기라서 필요한 책이 많아서요.

혹시 여기서 <u>생활하시는 데</u> 불편한 것은 없으세요?

네. 다들 너무 잘해 주셔서 불편한 것은 하나도 없습니다.

2. 다음을 듣고 남자의 중심 생각으로 가장 알맞은 것을 고르십시오.

① 국경일에는 국기를 달아야 한다.

② 바쁘면 국기 다는 것을 깜빡할 수도 있다.

③ 국기를 다는 교육을 오늘부터라도 꼭 해야 한다.

④ 국기를 안 달면 나라를 사랑하는 마음이 없어진다.

들은 내용을 메모해 보세요.

_____

_____

_____

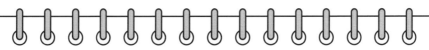

▶ 확인해 볼 표현

A/V-(으)ㄹ 테지만

앞의 내용을 확신하기는 하지만 뒤의 내용은 다를 수 있음을 나타냅니다.

언니가 알아서 잘 챙길 테지만 그래도 이야기할게.

그래. 고마워.

요즘 여러 가지로 힘들 테지만 그래도 힘냈으면 좋겠어요.

네. 힘낼게요. 고마워요.

이미 밥을 먹었을 테지만 혹시 안 먹었을까 봐 준비해 놓았어요.

정말요? 고마워요. 사실 밥 안 먹었어요.

3. 다음을 듣고 <u>남자</u>의 중심 생각으로 가장 알맞은 것을 고르십시오.

① 배우를 정해 놓고 작품을 만들면 더 쉽게 일을 할 수 있다.

② 영화감독은 혼자 작품을 만들어야 진정한 감독이 될 수 있다.

③ 영화의 장면을 아름답게 만들기 위해서 시나리오를 직접 쓴다.

④ 아름다운 것을 남기기 위해 배우들과 항상 같이 구상을 해야 한다.

들은 내용을 메모해 보세요.

_____

_____

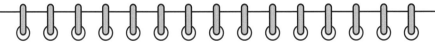

▶ 확인해 볼 표현

V-기에 앞서

앞의 내용을 뒤의 내용보다 먼저 함을 나타냅니다.

인터뷰를 <u>진행하기에 앞서</u> 사진을 먼저 찍겠습니다.
네. 알겠습니다.

발표를 <u>하기에 앞서</u> 질문을 먼저 하겠습니다. 여러분은 '한국'하면 뭐가 가장 먼저 떠오르십니까?
김치요.

회의를 <u>시작하기에 앞서</u> 사장님 말씀을 잠깐 듣도록 하겠습니다.
네. 박 부장님. 감사합니다. 먼저 이 자리에 모인 직원 여러분께 감사 인사를 드리고 싶습니다.

* 문제를 다시 들으면서 빈칸에 알맞은 말을 쓰세요.

1.

> 남: 커피숍에서 공부를 하는 사람이 정말 많은 것 같아. 이야기도 하고 책도 읽는 곳이
>
> 기는 하지만 한곳에 너무 오래 있으면 ① _____?
>
> 여: 글쎄. 나도 가끔 일하러 커피숍에 올 때가 있는데 ② _____ 곳이
>
> ③ _____ 더 도움이 되는 것 같아. 커피값도 비싸잖아.
>
> 남: 그럴 수도 있지만 나는 커피숍에 오래 있으면 주인한테 좀 ④ _____.

2.

> 남: 오늘은 3·1절인데 국기를 단 집이 별로 없네. 너도 ① _____ 우리
>
> 가 어렸을 때만 해도 국경일에는 꼭 국기를 달았는데.
>
> 여: 요즘은 사람들이 ② _____ 국기를 다는 것을 ② _____
>
> 많은 것 같아. 국기를 ③ _____ 나라를 사랑하지 않는 건 아니잖아.
>
> 남: 그래도 국경일에는 꼭 달아야 한다고 봐. 어릴 때부터 이런 교육은 필요한 게 아닐까?

3.

> 여: 감독님은 작품을 ① _____ 배우를 정해 놓고 작품을 쓰시는 경
>
> 우가 많으신데요. 특별한 이유가 있나요?
>
> 남: 특별한 이유는 없습니다. 저는 시나리오도 직접 쓰고 모든 일을 혼자서 하다 보니
>
> 까 ② _____. 그래서 작품을 구상할 때 주인공이 이분이면 좋
>
> 겠다고 ③ _____ 작품에 대한 생각이 더 잘 날 때가 많거든요.
>
> 저는 뭔가 아름다운 것을 남기고 싶어서 영화를 찍어요. 그래서 그 역할에 가장
>
> ④ _____ 배우분을 생각하고 시나리오를 쓰죠. 물론
>
> ⑤ _____ 있지만요.

듣고 받아쓰기를 모두 했지요? 이제 다시 들으면서 따라 읽어 보세요.

3번 따라 읽어 보세요.

check

☐☐☐

어휘 확인

소음	noise	静音	騒音	Tiếng ồn
집중하다	to concentrate (on)	集中于, 专注于	集中する	Tập trung
공간	space	空间	空間	Không gian
방해	disturbance, interruption	妨碍	妨害, 邪魔	Gây mất tập trung
국기를 달다	to hang a national flag	悬挂国旗	国旗を掲げる	Treo quốc kỳ
깜빡하다	to forget	忘记	うっかりする	Quên béng
국경일	national holiday	法定节假日	旗日	Ngày lễ Quốc gia
작품	work (of art), piece (of music)	作品	作品	Tác phẩm
정하다	to decide	定, 决定, 确定	決める	Định, chọn
시나리오	scenario	电影剧本	シナリオ	Kịch bản
남기다	to leave	留, 留下	残す	Được để lại
물론	of course	当然	もちろん	Tất nhiên

※ 대본을 보면서 들은 내용을 확인해 보세요.

🎧
듣기대본

1

남: 커피숍에서 공부를 하는 사람이 정말 많은 것 같아. 이야기도 하고
책도 읽는 곳이기는 하지만 한곳에 너무 오래 있으면 장사하는 데 방해가 되지 않을까?

여: 글쎄. 나도 가끔 일하러 커피숍에 올 때가 있는데 소음이 약간 있는 곳이 집중하는 데 더
도움이 되는 것 같아. 커피값도 비싸잖아.

남: 그럴 수도 있지만 나는 커피숍에 오래 있으면 주인한테 좀 미안하더라고.

2

남: 오늘은 3·1절인데 국기를 단 집이 별로 없네. 너도 알고 있을 테지만 우리가 어렸을 때만
해도 국경일에는 꼭 국기를 달았는데.

여: 요즘은 사람들이 바빠서 그런지 국기를 다는 것을 깜빡하는 일이 많은 것 같아. 국기를 달
지 않는다고 해서 나라를 사랑하지 않는 건 아니잖아.

남: 그래도 국경일에는 꼭 달아야 한다고 봐. 어릴 때부터 이런 교육은 필요한 게 아닐까?

3

여: 감독님은 작품을 만들기에 앞서 배우를 정해 놓고 작품을 쓰시는 경우가 많으신데요. 특별
한 이유가 있나요?

남: 특별한 이유는 없습니다. 저는 시나리오도 직접 쓰고 모든 일을 혼자서 하다 보니까 시간
이 많이 걸려요. 그래서 작품을 구상할 때 주인공이 이분이면 좋겠다고 생각하고 쓰다 보
면 작품에 대한 생각이 더 잘 날 때가 많거든요. 저는 뭔가 아름다운 것을 남기고 싶어서
영화를 찍어요. 그래서 그 역할에 가장 아름답게 어울릴 수 있는 배우분을 생각하고 시나
리오를 쓰죠. 물론 그렇지 않은 경우도 있지만요.

_____

_____

_____

_____

_____

Chapter 02

중급 수준 문제
연습하기

토픽 시험 전까지 시간이 별로 없다면 중급 수준의 문제라도 집중해서 공부하면 좋습니다.
고급 수준의 문제도 어휘와 문법, 내용이 어려워지기는 하지만 문제 유형은 중급 수준과 비슷하기 때문에 중급 수준의 문제를 많이 풀어보는 것이 좋습니다.

실제 시험을 본다고 생각하고 풀어 보세요. 다 푼 후에는 정답을 확인하고 모르는 단어나 표현을 공부해 보세요.

한번 풀어 볼까요?

※ [1~2] 다음을 듣고 가장 알맞은 그림 또는 그래프를 고르십시오.

1.

2.

①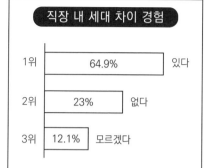

②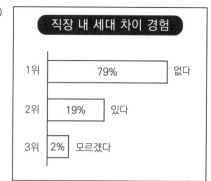

③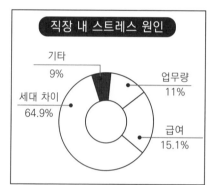

④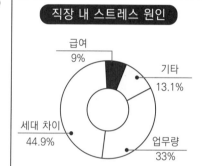

※ [3~4] 다음을 듣고 이어질 수 있는 말로 가장 알맞은 것을 고르십시오.

3.

　① 그래. 나는 운동이 너무 싫어.

　② 그래? 나도 운동을 좀 해야겠네.

　③ 그래? 운동을 해서 몸이 가벼워졌어.

　④ 그래. 운동을 너무 많이 하면 몸이 안 좋아.

4.

　① 새벽에 걸으면 건강에 좋아요.

　② 윗집에 가서 이야기해 보지 그래요?

　③ 힘들겠어요. 윗집에서 힘들다고 했어요.

　④ 오늘 새벽에 운동했는데 기분이 좋아요.

※ [5~6] 다음을 듣고 <u>여자</u>가 이어서 할 행동으로 가장 알맞은 것을 고르십시오.

5.

　① 책을 사러 서점에 간다.

　② 공부하러 도서관에 간다.

　③ 광화문 축제에 같이 간다.

　④ 거리 문화 축제를 소개한다.

6.

    ① 강아지를 데리고 산책을 한다.

    ② 스트레스를 풀러 혼자 외출한다.

    ③ 강아지가 나오는 방송 프로그램을 본다.

    ④ 공원에 가서 강아지한테 먹을 것을 준다.

※ [7~8] 다음을 듣고 들은 내용과 같은 것을 고르십시오.

7.

    ① 남자는 회사에 자주 늦는 편이다.

    ② 남자는 일 때문에 혼자 살고 있다.

    ③ 여자는 회사를 옮기려고 생각 중이다.

    ④ 여자는 요즘 바빠서 아침을 잘 못 먹는다.

8.

    ① 여자는 밝은색 가방만 모두 샀다.

    ② 주황색은 긍정적인 느낌을 주는 색이다.

    ③ 밝은색 옷이 많으면 흥미로운 사람이다.

    ④ 남자는 색과 심리를 주제로 강의를 하고 있다.

※ [9~10] 다음을 듣고 남자의 중심 생각으로 가장 알맞은 것을 고르십시오.

9.

① 전공을 결정하면 직업이 정해진다.

② 세부 전공 결정은 신중하게 해야 한다.

③ 자신에게 가장 잘 맞는 전공을 찾기는 쉽지 않다.

④ 세부 전공을 결정하기 전에 여러 수업을 들어야 한다.

10.

① 학력보다 중요한 것은 없다.

② 사람을 뽑을 때 능력이 중요하다.

③ 지원자들의 부담을 덜게 하는 방법은 없다.

④ 열정이 많은 사람은 어느 회사나 합격할 수 있다.

* 문제를 다시 들으면서 빈칸에 알맞은 말을 쓰세요.

1.

    남: 엄마, 제 책 못 보셨어요? 아무리 찾아도 없네요.

    여: 무슨 책? 어제 _____? 저기 소파 옆에 있잖아.

    남: 어? 그러네요. 아까는 아무리 _____.

2.

    여: 여러분은 직장에서 _____이 있으십니까?

        최근 한 _____에서 직장인을 대상으로 한 설문 조사에 따르면 직장

        에서 세대 차이를 경험한 사람은 _____으로 나타났습니다. 그 중

        세대 차이로 스트레스를 받는다는 응답은 64.9%였는데 _____이나

        월급보다 많은 _____.

3.

    여: 요즘 운동을 _____ 몸이 _____.

    남: 응. 운동을 처음 _____ 힘들더니 이제 괜찮아졌어. 오히려 운동을

        안 하면 _____.

    여: _____.

4.

    남: 요즘 위층 사람들 때문에 _____.

    여: 왜요? 무슨 일 있어요?

    남: _____ 걷는 소리가 아주 _____.

        잠을 못 잘 정도예요.

    여: _____.

5.

남: 수미 씨, 지금 뭐 해요?

여: 책도 볼 겸 도서관에 _____.

남: 광화문에서 거리 문화 축제를 _____ 같이 갈래요? 오랜만에 같이 가면 좋겠어요. 지금 나오세요.

여: 좋아요. 저도 광화문 축제에 가 보고 싶었어요.

6.

여: 우리 집 강아지가 요즘 _____.

남: _____. 텔레비전에서 봤는데 강아지들도 스트레스를 많이 받는대요.

여: 그래요? 그럼 _____ 공원에 데려가 보면 어떨까요?

남: 그게 좋겠어요.

7.

여: 내 동생이 지방에서 혼자 _____ 걱정이 돼.

남: 회사 때문에 지방으로 간 거야?

여: 응. 최근에 _____ 그 회사가 지방에 있어. 동생은 안 깨우면 _____. 그래서 회사에 _____ 걱정돼.

남: 잘하겠지. 내가 볼 때는 수미 네가 더 걱정인데. 요즘 _____ 아침도 _____.

8.

남: 수미 씨는 _____이 많은 것 같아요.

여: 네. 저는 밝은색을 좋아해요. 특히 주황색을 제일 좋아해서 필통이나 가방 같

은 _____ 주황색을 많이 _____.

남: 주황색은 기분 좋은 색이죠. _____ 느낌을 준대요.

여: 색에도 의미가 있어요?

남: 그럼요. 색과 _____ 보여 주는 강의가 있다고 해서 가 봤는데

_____.

9.

남: 곧 1학년이 끝나네. _____ 정해야 하지? 뭘 전공할지 생각해 봤어?

여: 아직 생각 중이에요. 여러 가지 _____ 잘 모르겠어요. 이번 결정으

로 제 미래가 _____ 쉽지 않네요.

남: 그래. 인생의 첫 번째 _____ 신중하게 생각해야지.

10.

여: 이번에 _____을 한다고 들었습니다. 그렇게 채용 방법을 바꾼

이유가 있으신가요?

남: 네. 일을 할 _____에 집중하고 싶었습니다. 그래

서 입사 지원서에 사진, _____, _____ 등을 적는 부분

을 _____. 아직 _____ 회사도 많지만 저희

회사는 학력보다는 _____ 더 중요하게 생각하기 때문입니다. 그리고

지원자들의 _____ 면접 유니폼도 _____.

1

듣기대본

남: 엄마, 제 책 못 보셨어요? 아무리 찾아도 없네요.

여: 무슨 책? 어제 보던 책 말이야? 저기 소파 옆에 있잖아.

남: 어? 그러네요. 아까는 아무리 찾아도 없더니.

2

여: 여러분은 직장에서 세대 차이를 느껴 본 적이 있으십니까? 최근 한 포털 사이트에서 직장인을 대상으로 한 설문 조사에 따르면 직장에서 세대 차이를 경험한 사람은 무려 79%에 달하는 것으로 나타났습니다. 그 중 세대 차이로 스트레스를 받는다는 응답은 64.9%였는데 업무의 양이나 월급보다 많은 비율을 차지했습니다.

3

여: 요즘 운동을 한다고 하더니 몸이 가벼워 보이네.

남: 응. 운동을 처음 시작했을 때는 힘들더니 이제 괜찮아졌어. 오히려 운동을 안 하면 몸이 안 좋을 정도야.

4

남: 요즘 위층 사람들 때문에 짜증이 나요.

여: 왜요? 무슨 일 있어요?

남: 새벽 5시쯤부터 걷는 소리가 아주 크게 들려요. 잠을 못 잘 정도예요.

5

남: 수미 씨, 지금 뭐 해요?

여: 책도 볼 겸 도서관에 갈까 해요.

남: 광화문에서 거리 문화 축제를 한다고 하던데 같이 갈래요? 오랜만에 얼굴도 볼 겸 같이 가면 좋겠어요. 지금 나오세요.

여: 좋아요. 저도 광화문 축제에 가 보고 싶었어요.

6

여: 우리 집 강아지가 요즘 통 먹지 않아요.

남: 스트레스 때문일 수도 있어요. 텔레비전에서 봤는데 강아지들도 스트레스를 많이 받는대요.

여: 그래요? 그럼 스트레스를 풀게 공원에 데려가 보면 어떨까요?

남: 그게 좋겠어요.

7

여: 내 동생이 지방에서 혼자 살기 시작했는데 걱정이 돼.

남: 회사 때문에 지방으로 간 거야?

여: 응. 최근에 회사를 옮겼는데 그 회사가 지방에 있어. 동생은 안 깨우면 늦잠을 자거든. 그래서 회사에 늦을까 봐 걱정돼.

남: 잘하겠지. 내가 볼 때는 수미 네가 더 걱정인데. 요즘 바쁘다고 아침도 거르기 일쑤고.

8

남: 수미 씨는 밝은색 옷이 많은 것 같아요.

여: 네. 저는 밝은색을 좋아해요. 특히 주황색을 제일 좋아해서 필통이나 가방 같은 소품을 살 때는 주황색을 많이 사곤 해요.

남: 주황색은 기분 좋은 색이죠. 적극적이고 긍정적인 느낌을 준대요.

여: 색에도 의미가 있어요?

남: 그럼요. 색과 심리의 관계를 보여 주는 강의가 있다고 해서 가 봤는데 흥미로운 내용이 많더라고요.

9

남: 곧 1학년이 끝나네. 세부 전공 정해야 하지? 뭘 전공할지 생각해 봤어?

여: 아직 생각 중이에요. 수업도 여러 가지 듣기는 했는데 잘 모르겠어요. 이번 결정으로 제 미래가 정해질 수도 있다고 생각하니 쉽지 않네요.

남: 그래. 인생의 첫 번째 전환점이 될 수 있는 일이니만큼 신중하게 생각해야지.

10

여: 이번에 블라인드 채용을 한다고 들었습니다. 그렇게 채용 방법을 바꾼 이유가 있으신가요?

남: 네. 일을 할 능력이 있는 사람을 뽑는 데에 집중하고 싶었습니다. 그래서 입사 지원서에 사진, 학력, 가족 사항 등을 적는 부분을 없앴습니다. 아직 학력을 중시하는 회사도 많지만 저희 회사는 학력보다는 능력과 열정을 더 중요하게 생각하기 때문입니다. 그리고 지원자들의 부담을 덜 수 있게 하려고 면접 유니폼도 제공하려고 합니다.

Chapter 03

고급 수준 문제
유형 익히기

21번부터는 중급 이상 수준의 문제가 출제됩니다.
21번 이후는 보통 하나의 지문에 두 개의 문제가
출제되는데 들은 내용에 대해 전체적으로 이해했는
지를 묻는 문제와 세부 내용을 이해했는지 묻는 문
제가 주로 출제됩니다.
지문은 두 번 듣습니다.

어휘나 표현도 어려워지고 대화의
주제도 일상생활 대화보다는 회사
의 상황, 문의 상황, 영화의 좌석별 가격 차등제, 비만
세 도입 등 조금 어려운 주제의 대화가 출제됩니다.
문제 유형과 풀이 방법은 앞부분과 크게 달라지지
않습니다. 하지만 어휘나 표현이 더 어려워지고 다
양한 주제를 다루고 있기 때문에 문제를 먼저 읽고
답의 보기에 있는 어휘를 바탕으로 들으면서 내용
을 확인해야 합니다.

문제 유형

남자의 중심 생각 찾기

같은 유형의 문제가 나오지만 들을 내용의 종류가 다르고 뒷 번호 문제일수록 좀 더 어렵습니다. 같은 유형의 문제를 살펴보겠습니다.

문제 번호	문제 유형	종류
21	남자의 중심 생각 찾기	대화
22	들은 내용과 같은 것 고르기	

이 문제의 대화는 친구 사이뿐만 아니라 가족과 나누는 대화가 나오기도 하고 회사에서 나누는 대화, 학교에서 교수와 학생이 나누는 대화가 출제되기도 했습니다.

먼저 22번의 보기를 읽고 어휘와 내용을 확인하고 듣도록 합니다.

21번의 경우 '남자'의 말을 집중해서 들으면 답을 쉽게 고를 수 있습니다.

출제된 상황	
직장생활	• 학교 홍보용품 제작 • 명절 행사 기획 • 호텔 이용 활성화 방안 모색
일상생활	• 퇴직 후 생활 • 부모로부터 독립하기
학교생활	• 기숙사 신청 • 연구 계획서 작성 상담

문제 번호	문제 유형	종류
25	남자의 중심 생각 찾기	인터뷰
26	들은 내용과 같은 것 고르기	

출제된 상황
장애인 고용 기업 운영자와의 인터뷰
정글 마라톤을 완주한 사람과의 인터뷰
버려진 종이로 작품을 만드는 예술가와의 인터뷰
환경을 생각한 타이어 설계자와의 인터뷰
소방복을 재활용한 가방을 만든 대학생과 인터뷰

25~26번에는 주로 사회적으로 좋은 영향을 주는 사람들과의 인터뷰가 문제로 출제되었습니다.

이 문제는 인터뷰이므로 주로 여자가 질문을 하고 남자가 자신이 한 일에 대해 답을 하는 형식으로 되어 있습니다.

문제 번호	문제 유형	종류
37	여자의 중심 생각 찾기	교양 프로그램 듣기
38	들은 내용과 같은 것 고르기	

37, 38번 역시 중심 생각을 찾는 문제와 들은 내용과 같은 것을 고르는 유형입니다. 37번 이후는 고급에서도 어려운 수준의 문제입니다. 평소에 다양한 주제의 상황에 대해 생각해 봐야 하고 뉴스나 다큐멘터리 같은 교양 프로그램도 시청하면서 상식을 넓히는 것이 필요합니다.

83회 기출

※ 기출 문제를 풀어 봅시다.

21. 남자의 중심 생각으로 가장 알맞은 것을 고르십시오.

① 설문 조사의 주제를 바꿔야 한다.

② 설문 조사는 결과 분석이 중요하다.

③ 설문 조사의 계획을 잘 세워야 한다.

④ 설문 조사는 응답자 수가 많을수록 좋다.

출처: TOPIK 홈페이지

※ 대본을 보면서 들은 내용을 확인해 보세요.

여자: 교수님, 제 연구 계획서인데요. 한번 봐 주시겠어요?

남자: '성격과 여행지'라, 성격이 여행지 결정에 미치는 영향을 알아보겠다는
거군요? 주제가 아주 새롭고 좋아요. 연구 방법으로는 설문 조사를 선택했는데 계획이
거의 없네요. 설문 조사는 조사하려는 내용이 분명해야 하니까 조사 대상과 내용을 잘
계획할 필요가 있어요.

여자: 네. 그런데 무엇부터 시작을 하면 좋을지 모르겠어요.

남자: 그럼 성격과 여행지의 유형을 나누는 것부터 시작해 보세요.

어휘 확인

설문 조사	questionnaire	问卷调查	アンケート調査	Khảo sát
분석	analysis	分析	分析	Phân tích
작성하다	to write	撰写, 制定	作成する	Viết, ghi chép
결정하다	to decide	决定	決める	Quyết định

들은 내용과 같은 것 고르기

21번 이후는 보통 하나의 지문에 두 개의 문제가 출제되는데, 첫 번째 문제는 들은 내용에 대해 전체적으로 이해했는지를 묻는 문제가 나오고 두 번째 문제는 세부 내용을 이해했는지 묻는 문제가 출제됩니다.

'들은 내용과 같은 것을 고르는' 유형은 세부 내용을 정확하게 이해했는지 묻는 유형으로 21번 이후에 가장 많이 출제되는 유형입니다.

출제 번호: 22, 24, 26, 28, 30, 34, 36, 38, 40, 42, 45, 47, 49번

이 유형은 보기를 먼저 읽으면서 어휘와 들을 내용을 확인한 후 듣도록
합니다. 이때 들은 내용과 다른 내용을 표시하면서 들으면 쉽게 답을 찾
을 수 있습니다.

🔍 최근 문제 살펴보기

64회 기출

※ 기출 문제를 풀어 봅시다.

22. 들은 내용으로 맞는 것을 고르십시오.

① 이 호텔에서는 후기 작성 이벤트를 하고 있다.

② 남자는 호텔과 관련된 자료를 조사할 예정이다.

③ 이 호텔을 이용한 고객들은 후기를 많이 남겼다.

④ 여자가 일하는 호텔은 고객 만족도가 높은 편이다.

출처: TOPIK 홈페이지

※ 대본을 보면서 들은 내용을 확인해 보세요.

듣기대본

남자: 최근 조사 자료를 보면 여행객들이 호텔을 선택할 때 가장 많이
참고하는 게 이용 후기라고 해요.

여자: 맞아요. 우리도 후기 관리에 더 신경을 써야 할 것 같아요. 우리 호텔은 고객 만족도는
높은 데 비해 이용 후기는 적은 편이잖아요.

남자: 그래서 고객들에게 후기 작성에 대해 적극적으로 알려야 할 것 같아요. 후기를 많이 남
길 수 있도록 하는 이벤트도 해 보고요.

여자: 좋네요. 그럼 어떤 이벤트가 좋을지 한번 생각해 봐요.

어휘 확인

후기	review	后记, 感言	後記	Phản hồi
작성	writing	撰写, 制定	作成	Sự viết, ghi chép
이벤트	event	活动, 比赛	イベント	Sự kiện
관련되다	to be related	相关, 有关联	関連する	Được liên quan
조사하다	to investigate	调查	調べる	Điều tra
만족도	satisfaction (level)	满意度	満足度	Mức độ hài lòng

64회 기출

※ 기출 문제를 풀어 봅시다.

25. 남자의 중심 생각으로 가장 알맞은 것을 고르십시오.

① 소방관의 근무 환경을 개선해야 한다.

② 사람들이 소방관에 대해 관심을 가지면 좋겠다.

③ 사람들은 소방관의 희생정신을 본받아야 한다.

④ 소방관의 안전을 보장하기 위한 대책이 필요하다.

26. 들은 내용으로 같은 것을 고르십시오.

① 남자는 소방관으로 일하고 있다.

② 이 가방은 사람들에게 판매되지 않는다.

③ 이 가방은 소방복을 재활용해 만든 것이다.

④ 남자가 만든 가방은 아직 알려지지 않았다.

출처: TOPIK 홈페이지

들은 내용을 메모해 보세요.

_____

_____

_____

_____

_____

_____

※ 대본을 보면서 들은 내용을 확인해 보세요.

여자: 오늘은 소방복을 재활용한 가방을 만들어 화제가 된 대학생들을 만나러 왔습니다. 어떻게 이런 일을 하게 되셨습니까?

듣기대본

남자: 소방관들이 시민을 위해 얼마나 힘든 환경에서 일하고 있는지를 알리고 싶었어요. 그래서 작년부터 저희의 전공을 살려 버려진 소방복을 재활용해 가방을 만들게 되었습니다. 가방의 소재가 특이하다 보니 자연스럽게 사람들의 관심을 모을 수 있었고 판매까지 하게 되었습니다. 현재는 가방을 판매한 수익금을 소방관의 활동을 알리는 데에 사용하고 있습니다. 저희의 작은 노력이 소방관의 어려움을 한 번 더 떠올리는 계기가 되었으면 좋겠습니다.

어휘 확인

근무	working	工作, 上班, 执勤	勤務	Sự làm việc, công việc
개선하다	to improve, to reform	改善, 改进	改善する	Cải cách, cải tiến
희생정신	spirit of sacrifice	牺牲精神	犠牲精神	Tinh thần hi sinh
본받다	to emulate, to imitate, to follow	模仿, 效仿	見習う	Noi theo, noi gương
안전	safety	安全	安全	Sự an toàn
보장하다	to guarantee	保障, 保证	保障する	Đảm bảo, chắc chắn
대책	measure	对策, 解决方案	対策	Đối sách, biện pháp
판매되다	to be sold	销售	販売される	Được bán
재활용하다	to recycle	回收再利用	リサイクルする	Tái sử dụng

남자가 하고 있는 일 찾기

문제 번호	문제 유형	종류
23	남자가 하고 있는 일 찾기	문의하는 대화
24	들은 내용과 같은 것 고르기	

이 문제는 공공기관에 문의하는 대화가 주로 나왔고 직장생활에서
겪게 되는 상황에 대한 내용이 출제되기도 했습니다.

출제된 상황
박물관 이용에 대한 문의
호텔에서 진행하는 프로그램에 대한 문의
호텔에 있는 회의장 시설에 대한 문의
회사의 시설 이용에 대한 제안
신입 사원 합격자를 대상으로 입사 전 해야 할 일 안내
면허증 재발급 방법에 대한 문의

문제 번호	문제 유형	종류
35	남자가 무엇을 하는지 고르기	연설
36	들은 내용과 같은 것 고르기	

35번은 특별한 상황의 연설을 주로 듣게 됩니다. 그 연설에서 자신의 의견을 말하는데
그 내용을 잘 들어야 합니다.

출제된 상황
입학 축하 연설: 인격 함양의 중요성 당부
시장 당선 감사 및 다짐
졸업 축하 연설: 끊임없는 도전 강조
영화배우 선배의 업적 소개
극장 재개관에 따른 소감과 기대

알아 두어야 할 어휘

문의하다	to ask, to inquire	询问, 查询	問い合わせる	Tư vấn, hỏi
안내하다	to guide	介绍, 引导, 带领	案内する	Hướng dẫn
강조하다	to emphasize	强调	強調する	Khẳng định, nhấn mạnh
확인하다	to check, to identify	确认	確認する	Xác nhận
추천하다	to recommend	推荐	推薦する, 薦める	Gợi ý
점검하다	to inspect	检查, 清点	点検する	Kiểm tra, rà soát
보고하다	to report	报告, 汇报	報告する	Báo cáo
제안하다	to suggest	提议, 提案	提案する	Đề nghị, kiến nghị
설명하다	to explain	说明	説明する	Giải thích
요구하다	to request, to demand	要求, 请求	要求する	Yêu cầu, đòi hỏi
다짐하다	to promise, to assure	决定, 保证, 下决心	誓う	Cam kết
공지하다	to announce, to notify	公之于众, 公布	告知する	Thông báo
당부하다	to request	叮嘱, 嘱咐	頼む	Yêu cầu
소개하다	to introduce	介绍	紹介する	Giới thiệu

83회 기출

※ 기출 문제를 풀어 봅시다.

23. 남자가 무엇을 하고 있는지 고르십시오.

① 취업에 성공한 방법을 소개하고 있다.

② 신입 사원 연수 일정을 변경하고 있다.

③ 신입 사원 채용 절차를 설명하고 있다.

④ 입사 전에 해야 할 일을 안내하고 있다.

24. 들은 내용과 같은 것을 고르십시오.

① 이 회사의 신입 사원 연수가 끝났다.

② 신입 사원 연수 일정을 문자로 공지했다.

③ 건강 검진은 정해진 병원에서 받아야 한다.

④ 건강 검진 결과는 출근 후에 제출하면 된다.

출처: TOPIK 홈페이지

들은 내용을 메모해 보세요.

_____

_____

_____

_____

_____

※ 대본을 보면서 들은 내용을 확인해 보세요.

남자: 안녕하십니까, 인주 상사입니다. 합격자 분들에게 건강 검진과 신입 사원 연수 일정을 문자로 보내 드렸는데 확인하셨나요?

여자: 네. 확인했습니다. 그런데 건강 검진은 정해진 병원에서만 해야 하나요?

남자: 아닙니다. 집 근처 보건소나 병원에 가서 받으셔도 됩니다. 검진 결과는 연수 끝나고 출근 전까지 내시면 되고요. 신입 사원 연수 때는 문자로 안내 드린 증명서만 제출하시면 됩니다.

여자: 감사합니다. 그럼 연수 때 뵙겠습니다.

어휘 확인

변경하다	to change	变更, 更改	変更する	Thay đổi, sửa đổi
절차	procedure	程序, 步骤	手続き	Trình tự, thủ tục
연수	training	进修, 培训	研修	Sự đào tạo, rèn luyện
제출하다	to submit	提交	提出する	Nộp, đệ trình

※ 기출 문제를 풀어 봅시다.

35. 남자가 무엇을 하고 있는지 고르십시오.

① 연극인들을 위한 극장 건축을 다짐하고 있다.

② 재개관한 극장의 모습과 시설을 소개하고 있다.

③ 연극인들에 대한 관심과 지원을 부탁하고 있다.

④ 극장 재개관에 따른 소감과 기대를 밝히고 있다.

36. 들은 내용과 같은 것을 고르십시오.

① 이 극장은 작년에 문을 닫았다.

② 이 극장은 주인이 여러 번 바뀌었다.

③ 오늘 이 극장에서는 400번째 연극을 올린다.

④ 일반 시민이 뜻을 모아 이 극장을 다시 열었다.

출처: TOPIK 홈페이지

들은 내용을 메모해 보세요.

_____

_____

_____

_____

_____

_____

※ 대본을 보면서 들은 내용을 확인해 보세요.

남자: 오늘은 인주 극장이 시민과 연극인 곁으로 다시 돌아오게 된 뜻 깊은 날입니다. 몇 년 전 인주 극장의 폐관 소식을 듣고 우리 연극인들이 이곳을 지켜내지 못했구나 싶어 마음이 아팠습니다. 인주 극장은 주인이 수차례 바뀌는 와중에도 400여 편의 연극을 올리고 수많은 연극인을 배출하는 등 한국 연극사의 발전을 이끌어 왔습니다. 이번 재개관이 더욱 기쁜 것은 이런 역사를 이어 가자는 데에 공감한 연극인들이 마음을 모아 이뤄 낸 결과이기 때문입니다. 다시 문을 연 이곳이 시민과 연극인의 소중한 보금자리가 되어 주리라 생각합니다.

듣기대본

어휘 확인

시설	facilities	设施, 设备	施設	Cơ sở vật chất
지원	support	志愿, 援助	支援	Tài trợ
소감	impression, thoughts	感想, 感受	感想	Cảm nghĩ
밝히다	to express (one's opinions)	照亮, 阐明, 公布	明らかにする	Được sáng tỏ
바뀌다	to be changed	被替换, 改变	変わる	Thay đổi

_____

_____

_____

_____

_____

_____

말하는 의도 고르기

문제 번호	문제 유형	종류
27	남자/여자가 말하는 의도 고르기	문제 상황에 대한 대화
28	들은 내용과 같은 것 고르기	

출제된 상황
임시 공휴일에 대한 대화
신발 기부, 정장 기증에 대한 대화
대안학교 진학에 대한 대화

27~28번에서는 어떤 문제 상황에 대해 이야기합니다. 문제에 나오는 의도를 나타내는 어휘를 알아야 27번 문제를 쉽게 풀 수 있습니다. '알려 주다, 부탁하다, 제안하다'와 같은 의도를 나타내는 어휘를 꼭 공부해 두세요.

알아 두어야 할 어휘

불만을 제기하다	to submit a grievance	表达不满, 提出不满	苦情を申し立てる	Đưa ra sự không hài lòng
영향을 파악하다	to grasp influence	把握影响	影響を把握する	Nắm bắt sức ảnh hưởng
효과를 강조하다	to emphasize effect	强调效果	効果を強調する	Khẳng định hiệu quả
일깨우다	to awaken, to arouse	提醒, 告诫, 使…认识到	悟らせる	Thức tỉnh, nhận ra
조언하다	to advise	指点, 劝告, 建议	助言する	Cho lời khuyên, bảo ban
홍보하다	to promote	宣传, 报道	広報する	Quảng bá

권유하다	to invite	劝导, 规劝	勧誘する	Khuyên nhủ, chỉ bảo
책임을 묻다	to hold (something) responsible	问责	責任を問う	Yêu cầu trách nhiệm
동조하다	to agree	认同, 赞同	同調する	Đồng tình, hưởng ứng
결과를 전달하다	to deliver the results	转达结果	結果を伝える	Công bố kết quả
문의하다	to inquire	询问, 查询	問い合わせる	Hỏi, tư vấn

83회 기출

※ 기출 문제를 풀어 봅시다.

27. 남자가 말하는 의도로 알맞은 것을 고르십시오.

① 공간 대여 사업의 결과를 알려 주려고

② 공간 대여에 필요한 서류를 문의하려고

③ 공간 대여를 위한 신청서의 작성을 부탁하려고

④ 공간 대여 사업에 함께 신청할 것을 제안하려고

28. 들은 내용과 같은 것을 고르십시오.

① 이 사업은 다음 주까지 신청할 수 있다.

② 이 사업에서는 비어 있는 공간을 활용한다.

③ 이 사업을 통해 적은 비용으로 공간을 빌릴 수 있다.

④ 이 사업에 지원하려면 사무실에 서류를 제출해야 한다.

출처: TOPIK 홈페이지

들은 내용을 메모해 보세요.

_____

_____

_____

_____

_____

※ 대본을 보면서 들은 내용을 확인해 보세요.

듣기대본

남자: 수미야, 너 그거 들었어? 학교에서 남는 공간을 창업 동아리에 무료로
　　　대여해 준대. 우리도 한번 지원해 보자.
여자: 아, 그거 학교 안의 빈 공간을 빌려주는 사업 맞지? 나도 들었어. 근데 지금 신
　　　청할 수 있대?
남자: 금요일까지 학교 홈페이지에 몇 가지 정보만 입력하면 신청할 수 있나 봐. 다른 서류는
　　　다음 주까지 홈페이지에 올리면 되고.
여자: 그렇구나. 그런데 서류는 뭐가 필요한 거야?
남자: 글쎄. 나도 그건 정확히 모르겠어. 사무실에 가서 한번 물어보자.

어휘 확인

대여	rental	出租, 出借	貸与	Sự cho thuê, mượn
제안하다	to suggest	提议, 提案	提案する	Đề xuất
지원하다	to apply	报志愿, 援助	志願する	Đăng ký
공간	space	空间	空間	Không gian
활용하다	to use, to utilize	充分利用, 灵活运用	活用する	Tận dụng

문제 유형   말하는 사람이 하고 있는 일 찾기

문제 번호	문제 유형	종류
29	남자가 누구인지 찾기	인터뷰
30	들은 내용과 같은 것 고르기	

인터뷰 상황으로 여자가 두 번 정도 질문을 하고 남자가 대답을 하면서

하고 있는 일에 대해 자세히 설명합니다.

출제된 상황
식물을 활용해 사람들을 치료하는 사람과의 인터뷰
라면을 개발하는 사람과의 인터뷰
축구 경기 심판과의 인터뷰
전통 공예가와의 인터뷰
교육 전문가와의 인터뷰
게임의 오류를 찾아내는 사람과의 인터뷰
전자책 구독 서비스를 개발한 사람과의 인터뷰

83회 기출

※ 기출 문제를 풀어 봅시다.

29. 남자가 누구인지 고르십시오.

① 게임의 오류를 찾아내는 사람

② 새로운 게임을 기획하는 사람

③ 게임에 음향 효과를 넣는 사람

④ 새로 개발한 게임을 홍보하는 사람

30. 들은 내용과 같은 것을 고르십시오.

① 이 일은 개발팀에서 담당하고 있다.

② 이 일은 게임의 판매에 영향을 미친다.

③ 남자는 게임 출시 후에 일을 시작한다.

④ 남자는 게임 캐릭터도 직접 디자인한다.

출처: TOPIK 홈페이지

들은 내용을 메모해 보세요.

_____

_____

_____

_____

_____

※ 대본을 보면서 들은 내용을 확인해 보세요.

여자: 팀장님께서는 게임을 출시하기 전에, 게임에서 발생하는 여러 문제점들을 찾아내는 일을 맡고 계시다고 들었습니다.

남자: 네. 개발팀이 완성한 게임을 일정 기간 동안 직접 해 보면서 기술적인 오류를 찾아내고 있습니다. 또 캐릭터의 디자인이나 음향 효과 등 사용자의 흥미와 관련된 것들의 문제점도 찾아내고요.

여자: 게임의 완성도를 높이기 위해서는 이 일이 굉장히 중요하겠네요.

남자: 네. 출시 후에 이런 문제가 발생하면 게임 판매에 부정적인 영향을 주게 되거든요. 그래서 저희는 출시 전까지 책임감을 갖고 일합니다.

듣기대본

어휘 확인

오류	mistake, error	错误, 漏洞	誤り	Lỗi
기획하다	to plan, to design	企划, 策划	企てる	Lập kế hoạch
효과	effect	效果	効果	Hiệu quả
홍보하다	to promote	宣传, 报道	広報する	Quảng bá

_____

_____

_____

_____

_____

_____

문제 유형

남자의 태도 고르기

문제 번호	문제 유형	종류
31	남자의 중심 생각 찾기	토론
32	남자의 태도 고르기	

대화 주제에 대해 남자는 어떤 태도로 이야기하는지 골라야 합니다.
태도를 나타내는 어휘를 꼭 공부해야 합니다.

출제된 상황
지역별 커피 가격 차이에 대한 의견
좌석별 가격 차등제에 대한 의견
금연 정책에 대한 의견
비만세 도입에 대한 의견
재학생 대상 창업 지원 사업에 대한 의견

이 유형의 문제는 48번과 50번에도 출제됩니다. 48번은 일상대화가 아니라 전문가와 어떤 주제에 대해 이야기를 나누는 대담이고, 50번은 강연을 듣고 주제를 찾는 문제입니다. 다소 어려운 단어가 많이 나옵니다.

문제 번호	문제 유형	종류
47	들은 내용과 같은 것 고르기	대담
48	남자의 태도 고르기	

문제 번호	문제 유형	종류
49	들은 내용과 같은 것 고르기	강연
50	남자의 태도 고르기	

말하는 사람의 태도를 나타내는 어휘를 꼭 공부하세요.

알아 두어야 할 어휘

비판하다	to criticize	批评, 批判	批判する	Phê phán
합리화하다	to rationalize	合理化	合理化する	Hợp lý hóa
해결책을 제시하다	to offer a solution	提出解决方案	解決策を提示する	Đề xuất phương án giải quyết
긍정적으로 평가하다	to rate (something) positively	肯定评价	肯定的に評価する	Đánh giá tích cực
염려하다	to fear	挂念, 担心	心配する	Lo ngại
촉구하다	to press (something to do)	督促, 催促	促す	Thúc giục, đốc thúc
공감하다	to sympathize with	有同感, 赞同	共感する	Đồng cảm
지지하다	to support	支持, 支撑	支持する	Tán thành, đồng tình
반박하다	to refute	反驳, 驳斥	反論する	Phản bác
전망하다	to overlook, to predict	展望, 瞭望	見込む	Dự đoán, nhìn xa
우려하다	to be concerned, to fear	担心, 发愁	憂慮する	Lo âu, lo ngại
요구하다	to demand	要求, 请求	要求する.	Yêu cầu
주장하다	to assert, to claim	主张	主張する	Khẳng định
동의하다	to agree, to approve	同意	同意する	Đồng ý
회의적으로 바라보다	to look at (something) with skepticism	持怀疑态度看待…	懐疑的に眺める	Nhìn một cách hoài nghi

83회 기출

※ 기출 문제를 풀어 봅시다.

31. 남자의 중심 생각으로 가장 알맞은 것을 고르십시오.

① 업무 관리 프로그램의 도입이 필요하다.

② 업무 방식의 개선을 신중히 결정해야 한다.

③ 직원 교육을 통해 업무의 효율을 높여야 한다.

④ 일의 속도를 강조하는 분위기를 바꿀 필요가 있다.

32. 남자의 태도로 가장 알맞은 것을 고르십시오.

① 예상되는 문제점을 우려하고 있다.

② 문제의 해결 방안을 요구하고 있다.

③ 자신의 의견을 일관되게 주장하고 있다.

④ 상대방의 의견에 적극적으로 동의하고 있다.

출처: TOPIK 홈페이지

들은 내용을 메모해 보세요.

_____

_____

_____

_____

_____

※ 대본을 보면서 들은 내용을 확인해 보세요.

남자: 현재 검토 중인 업무 관리 프로그램요. 업무의 진행 상황과 자료를
　　　실시간으로 공유할 수 있어서 일의 속도와 효율성을 향상시킬 것으로
　　　보입니다.
여자: 새로운 프로그램에 직원들이 적응하는 게 쉽지는 않을 것 같은데요.
남자: 초기에는 어려움이 있겠지만 장기적으로는 업무를 관리하는 데 큰 도움이 될 겁니다.
　　　지속적으로 교육하면 직원들도 프로그램을 잘 활용할 수 있게 될 거고요.
여자: 직원 교육 문제는 여전히 부담스럽긴 해요. 더 신중히 생각해 보죠.

듣기대본

어휘 확인

업무	business, duty	业务, 事务	業務	Công việc, nghiệp vụ
적응하다	to adapt, to adjust	适应, 顺应	適応する	Thích ứng
도입(하다)	to introduce, (introduction)	引进, 吸收	導入（する）	Dẫn nhập, đưa vào
개선	improvement	改善, 改进	改善	Cải tiến
신중하다	to pay close attention to (something)	慎重, 谨慎	慎重だ	Thận trọng
일관되다	to be consistent with	一贯, 始终	一貫する	Được nhất quán

문제 유형 — 들은 내용의 주제 찾기

문제 번호	문제 유형	종류
33	무엇에 대한 내용인지 주제 찾기	강연
34	들은 내용과 같은 것 고르기	

33번은 내용을 듣고 강연의 주제를 찾는 문제입니다. 강연의 전체적인 내용을 이해하는 것이 중요하겠습니다.

출제된 상황
지명이 만들어진 배경
기록연구사의 역할
적극적인 반응의 효과
지나친 청결의 문제점
비행기 타이어의 특징

이 유형의 문제는 43번에도 출제됩니다. 43번은 다큐멘터리를 듣고 주제를 찾는 문제로 다소 어려운 단어가 많이 나옵니다. 평소에 여러 분야에 관심을 가지고 공부하는 것이 좋겠습니다.

문제 번호	문제 유형	종류
43	이야기의 중심 내용 찾기	다큐멘터리
44	세부 내용 파악하기	

🔍 최근 문제 살펴보기

83회 기출

※ 기출 문제를 풀어 봅시다.

33. 무엇에 대한 내용인지 알맞은 것을 고르십시오.

① 기능에 따른 지퍼의 형태

② 지퍼를 활용한 상품의 종류

③ 초기의 지퍼가 가진 문제점

④ 지퍼가 널리 쓰이게 된 과정

34. 들은 내용과 같은 것을 고르십시오.

① 지퍼는 20세기 초반에 발명되었다.

② 지퍼는 선원들을 통해 알려지기 시작했다.

③ 지퍼는 신발 제작에 가장 먼저 활용되었다

④ 지퍼는 초기부터 깔끔한 모양으로 주목을 받았다.

출처: TOPIK 홈페이지

들은 내용을 메모해 보세요.

_____

_____

_____

_____

_____

※ 대본을 보면서 들은 내용을 확인해 보세요.

듣기대본

여자: 이것은 옷이나 가방에서 볼 수 있는 지퍼가 처음 만들어졌을 때의
모습입니다. 지금과 달리 모양이 복잡했고 고장도 잦았죠.
그래서 처음 발명된 19세기 후반에는 시장의 주목을 받지 못했습니다. 그러다가 20세
기 초에 오늘날과 같이 형태가 바뀌고 기능도 개선됐는데요. 지퍼를 단 지갑이 선원들
에게 인기를 끌면서 지퍼가 알려지기 시작했습니다. 흔들리는 배에서도 동전을 잘 보관
할 수 있었기 때문이죠. 이후 지퍼 달린 장화가 깔끔한 디자인과 편리함을 앞세워 큰 성
공을 거두면서 전 세계로 지퍼가 퍼지게 되었습니다.

어휘 확인

형태	shape, form	样子, 形态	形態	Hình thái
초기	beginning	初期	初期	Thời kì đầu
널리	widely, extensively	大范围地, 宽大地	広く	Rộng rãi, phổ biến
발명되다	to be invented	发明	発明される	Được phát minh
깔끔하다	to be neat	干净利落, 整齐	さっぱりしている	Gọn gàng, tươm tất

고급 수준 문제별 익히기

37번부터는 조금 더 어려운 내용의 지문이 제시됩니다.

이전 회차의 문제에서는 지시문에 지문의 종류를 먼저 이야기했습니다. 하지만 최근 문제를 보면 지문의 종류에 대해 이야기하지 않습니다. 어렵고 생소한 내용일 수 있지만 보기의 내용을 먼저 읽고 문제를 푸는 연습을 꾸준히 하는 것이 좋겠습니다.

문제 번호	문제 유형	종류
37	남자/여자의 중심 생각 찾기	교양 프로그램
38	들은 내용과 같은 것 고르기	
39	대화 앞의 내용으로 알맞은 것 고르기	대담
40	들은 내용과 같은 것 고르기	
41	강연의 중심 내용 파악하기 남자/여자의 중심 생각 찾기	강연
42	들은 내용과 같은 것 고르기	
43	이야기의 중심 내용 찾기	다큐멘터리
44	세부 내용 파악하기	
45	들은 내용과 일치하는 것 고르기	강연
46	여자가 말하는 방식 고르기	
47	들은 내용과 같은 것 고르기	대담
48	남자의 태도 고르기	
49	들은 내용과 같은 것 고르기	강연
50	남자/여자의 태도 고르기	

83회 기출

※[37~38] 다음을 듣고 물음에 답하십시오. (각 2점)

> 남자: 부모 세대가 사용했던 필름 카메라가 디지털에 익숙한 젊은 세대들의 마음을
> 사로잡고 있습니다.
>
> 여자: 네. ㉠ 필름 사진만이 갖는 독특한 감성 때문입니다. 필름을 현상하기 위해 약
> 품 처리를 하는 과정에서 묘한 색감과 분위기가 나는데 그것이 아주 매력적이
> 죠. 또 ㉡ 필름 카메라는 필름을 구하기도 어렵고 필름마다 찍을 수 있는 사진
> 수가 제한적이에요. 인화 과정을 거쳐야만 사진을 받아볼 수 있고요. 이런 ㉢
> 번거로움이 오히려 젊은 세대들이 사진 한 장 한 장을 소중하고 특별하게 느
> 끼는 이유가 됩니다.

37. 여자의 중심 생각으로 가장 알맞은 것을 고르십시오.

① 사진을 찍을 때는 정성을 들이는 게 중요하다.

② 필름 사진을 잘 찍으려면 많이 찍어 봐야 한다.

③ 사진을 여러 장 인화하면 원본의 가치가 떨어진다.

④ 필름 사진에는 감성을 자극하는 특별한 매력이 있다.

38. 들은 내용과 같은 것을 고르십시오.

① 필름 사진은 인화하기 전에 미리 볼 수 있다.

② 필름 사진을 얻을 때까지의 과정이 수월해졌다.

③ 필름 사진의 색감은 약품 처리를 할 때 생긴다.

④ 필름 카메라가 부모 세대들에게 재유행하고 있다.

이 문제는 '교양 프로그램'을 듣고 푸는 문제입니다. 어떤 주제나 현상에 대해 질문하고 전문가가 그에 대해 설명하는 내용이 주로 나옵니다.

이전에는 '수면 장애', '익명 이력서', '식물 세밀화', '날씨 경영', '1만 시간의 법칙' 등의 주제가 출제되었습니다.

37번 전체 내용 이해 문제

여자의 생각은 여자의 말을 집중해서 들으면 쉽게 답을 찾을 수 있습니다. 자신의 생각을 말할 때 말의 처음 부분이나 마지막 부분에 자신의 의견을 정리해서 말하는 경우가 많습니다. ㉠~㉢ 중에서 여자의 생각을 정리해서 말한 것은 ㉠입니다. 필름 사진에는 독특한 감성이 있기 때문에 사람들이 소중하게 생각한다는 것이므로 정답은 ④번입니다.

38번 세부 사항 관련 문제

세부 사항 관련 문제는 보기를 먼저 읽고 들으면서 잘못된 부분을 찾아야 합니다.

① 필름 사진은 인화하기 전에 미리 볼 수 있다.

→ 인화 과정을 거쳐야 사진을 받아볼 수 있다고 했습니다.

② 필름 사진을 얻을 때까지의 과정이 수월해졌다.

→ '번거로움'이라는 단어가 나옵니다.

③ 필름 사진의 색감은 약품 처리를 할 때 생긴다.

→ "필름을 현상하기 위해 약품 처리를 하는 과정에서 묘한 색감과 분위기가 나는데 그것이 아주 매력적"이라고 했습니다. 따라서 정답은 ③번입니다.

④ 필름 카메라가 부모 세대들에게 재유행하고 있다.

→ 남자의 말에 부모 세대가 사용했던 필름 카메라가 젊은 세대들의 마음을 사로잡고 있다고 했습니다.

어휘 확인

세대	generation	世代, 辈, 一代	世帯	Thế hệ
사로잡다	to capture	活捉, 抓住, 吸引住	奪う, 虜にする	Thu hút
독특하다	to be unique	独特, 别致	独特だ	Độc đáo, đặc biệt
감성	sensitivity, sensibility	感性	感性	Duy cảm, cảm xúc
묘하다	to be wired	不可思议, 美妙	妙だ	Khác lạ, kì diệu
제한적	limited, or restrictive	限制性的, 受限的	制限的	Sự giới hạn, hạn chế
번거롭다	to be a hassle	繁琐, 麻烦, 吵闹	煩わしい	Rắc rối, phiền hà
자극하다	to stimulate	刺激, 激发	刺激する	Kích thích, gợi tính tò mò
인화하다	to print a photograph	冲洗 (相片), 点火	焼き付ける	Rửa ảnh
수월하다	to be easy	轻而易举, 容易	楽だ	Dễ dàng, suôn sẻ
재유행하다	to be a revival of	重新流行	再流行する	Thịnh hành trở lại

※ [39~40] 다음을 듣고 물음에 답하십시오. (각 2점)

> 여자: 국외로 유출된 문화재가 이렇게 많은데 어떤 방법으로 이런 문화재들을 다시
> 본국으로 가져올 수 있을까요?
>
> 남자: 관련된 국제 협약이 1970년에 마련되었고 1990년대 후반부터 문화재 환수에
> 대한 관심이 높아지면서 국가 간 논의와 공조가 활발해졌습니다. 문화재 환수
> 에는 정부 간 대여나 기증 등의 방식이 있는데요. 기증을 통한 영구적 환수가
> 바람직하겠지만 나라마다 문화재 보호에 관한 법이 서로 달라서 이것이 쉽지
> 는 않습니다. 현재는 대여하는 방식으로 일시적 환수가 이루어지는 경우가 많
> 습니다.

39. 이 대화 전의 내용으로 가장 알맞은 것을 고르십시오.

① 민간 주도로 문화재 환수가 이루어지고 있다.

② 해외에 있는 문화재를 대여해서 전시하고 있다.

③ 환수하지 못하고 해외에 남아 있는 문화재가 많다.

④ 문화재 환수를 위해 다른 나라와 협정을 체결했다.

40. 들은 내용과 같은 것을 고르십시오.

① 각국의 법이 달라 문화재의 영구적 환수가 어렵다.

② 1970년대부터 문화재 환수가 활발해지기 시작했다.

③ 문화재 환수는 주로 기증하는 방식으로 이루어진다.

④ 문화재 환수와 관련된 국제 협약은 존재하지 않는다.

출처: TOPIK 홈페이지

이 문제는 '대담'입니다. 대담은 사회적인 문제에 대해 전문가와 이야기를 나누는 형태가 주로 나왔습니다. 47, 48번 문제에도 대담이 나옵니다. 이전 회차에 나온 대담의 주제는 다음과 같습니다.

문제 번호	출제된 상황
39, 40번	서울시의 도로 관련 사업, 태양광 발전소 세우는 문제, 척추 건강에 도움이 되는 자세, 농촌의 공익적인 측면, 식량 시장의 가격 결정 구조
47, 48번	기본 소득에 대한 의견, 전통 공예 전승자를 육성하는 방법, 박람회 개최 도시로 선정되기 위한 방법, 일상적인 내용에 대한 고서 연구, 의료 서비스 산업의 현 위치와 문제점

39번 세부 사항 관련 문제

대화 앞의 내용을 추측할 때는 대화의 앞부분을 잘 들으면 좋습니다. 이 대화에서도 '국외로 유출된 문화재가 <u>이렇게</u> 많은데'라고 했지요? '이렇게'라는 말이 있으니 '국외로 유출된 문화재가 많다'는 이야기를 했을 것입니다. 정답은 ③번이 되겠습니다.

40번 세부 사항 관련 문제

① 각국의 법이 달라 문화재의 영구적 환수가 어렵다.

→ 나라마다 문화재 보호법이 달라서 환수가 쉽지 않다고 했습니다. 정답은 ①번입니다.

② 1970년대부터 문화재 환수가 활발해지기 시작했다.

→ 숫자가 나오면 관련된 답을 혼동하게 만드는 경우가 있습니다. 국제 협약이 마련된 것이 1970년입니다. 1990년대 후반부터 논의가 활발해졌다고만 했습니다. 문화재 환수가 활발해진 것은 아닙니다.

③ 문화재 환수는 주로 기증하는 방식으로 이루어진다.

→ 기증으로 돌려받는 것이 가장 좋겠지만 현재는 대여하는 방식으로 일시적 환수가 이

루어진다고 했습니다.

④ 문화재 환수와 관련된 국제 협약은 존재하지 않는다.

→ 1970년에 이미 국제 협약이 마련되었다고 했습니다.

'문화재 환수'에 대해서는 한국 뉴스에 종종 나왔습니다. 뉴스를 듣고 자신의 생각을 간단하게 정리해 보는 방법으로 한국어 공부를 해 보세요. 이런 연습을 하면 쓰기 54번 문제도 대비할 수 있습니다.

어휘 확인

유출되다	to be leaked	泄露, 外泄	流出する	Bị tuồn ra, bị rò rỉ
문화재	cultural assets, cultural properties	文化遺产	文化財	Di sản văn hóa
마련되다	to be prepared	准备, 置办, 筹集	用意される	Được chuẩn bị
환수	redemption	回收, 收回	還收	Sự thu hồi, chuộc lại
논의	discussion	议论, 讨论, 商讨	議論	Thảo luận, bàn luận
공조	cooperation	互助, 合作	空調	Sự hiệp lực, chung sức
영구적	permanent	永久的	永久的	Mang tính vĩnh cửu
바람직하다	to be desirable	值得期待, 可取的	望ましい	Lý tưởng, đúng đắn
대여하다	to lend	出租, 借与	貸与する	Cho thuê, mượn
일시적	temporary	一时的, 暂时的	一時的	Tính nhất thời, tạm thời
전시하다	to exhibit	展示, 展览	展示する	Triển lãm, trưng bày
체결하다	to make an agreement with (somehing about something)	签订, 缔结	締結する	Biểu quyết

※[43~44] 다음을 듣고 물음에 답하십시오. (각 2점)

남자: 지금 흥미로운 실험이 진행 중이다. 참가자들은 1분 동안 수백 장의 사진을 본다. 꽃, 책상, 사슴 등의 사진이 빠르게 지나간다. 그 사이로 인상을 쓴 얼굴 사진 하나가 스쳐 간다. 순간, 참가자들의 뇌에서 편도체가 활성화된다. 실험이 끝난 뒤, 참가자들은 수많은 사진 중 인상 쓴 얼굴을 또렷이 기억했다. 편도체가 그것을 생존을 위협하는 요소로 인식해 재빨리 기억하도록 했기 때문이다. 특정 장면에 대한 공포는 생존을 위한 뇌의 학습 결과인 것이다. 동물도 마찬가지다. 쥐는 고양이를 만나면 공포를 느끼고 도망친다. 하지만 편도체가 손상된 쥐는 천적에 대한 기억이 없어 위협에 그대로 노출된다.

43. 무엇에 대한 내용인지 알맞은 것을 고르십시오.

① 뇌에 의한 착각 현상

② 시간을 인식하는 뇌의 부위

③ 생존을 위한 뇌의 작동 방식

④ 손상된 뇌로 인한 특이 반응

44. 참가자들이 얼굴 사진을 기억한 이유로 맞는 것을 고르십시오.

① 익숙함을 느꼈기 때문에

② 반복적으로 노출되었기 때문에

③ 위험한 요소로 받아들였기 때문에

④ 다른 사진과 공통점을 발견했기 때문에

출처: TOPIK 홈페이지

이번 문제는 '다큐멘터리'입니다. 다큐멘터리는 주로 어떤 내용에 대해 설명하고 정보를 전달합니다. 이전에는 '나방에 대한 잘못된 인식', '지구 판의 충돌', '신라 시대의 다른 문화권과 교류', '해마의 독특한 번식 방법' 등이 출제되었습니다.

43번 전체 내용 이해 문제

이 문제는 들은 내용의 주제를 고르는 문제이므로 전체 내용을 잘 이해해야 풀 수 있는 문제입니다. '특정 장면에 대한 공포는 생존을 위한 뇌의 학습 결과'라는 말이 나옵니다. 이 다큐멘터리는 뇌의 착각이나 손상, 시간 인식에 대한 것이 아니라 생존을 위해 공포를 느끼면 그것을 빨리 기억하고 도망치도록 한다는 내용입니다. 따라서 정답은 ③번입니다.

44번 세부 사항 관련 문제

세부 내용을 잘 파악했는지 확인하는 문제입니다. 문제에서 제시하고 있는 "얼굴 사진을 기억"한다는 내용 전후를 잘 들으면 쉽게 답을 찾을 수 있습니다.

① 익숙함을 느꼈기 때문에

→ 익숙하다는 내용은 들은 내용에 없었습니다.

② 반복적으로 노출되었기 때문에

→ 이 내용 역시 들은 내용에 없습니다.

③ 위험한 요소로 받아들였기 때문에

→ 내용의 중간쯤에 '얼굴을 또렷이 기억했다'는 내용 이후 '생존을 위협하는 요소로 인식'했다는 내용이 나옵니다. 생존을 위협하는 것은 위험한 것이므로 정답은 ③번입니다.

④ 다른 사진과 공통점을 발견했기 때문에

→ 이 내용 역시 들은 내용에 없습니다.

다큐멘터리의 경우 단어가 매우 어려울 수 있습니다. 단어 하나하나에 신경 쓰다 보면 전체적인 내용을 이해하지 못할 수 있으니 전체를 이해하는 데 집중하는 것이 좋겠습니다. 평소에 다큐멘터리를 보게 되면 새롭게 알게 된 사실을 정리해 보세요.

어휘 확인

스치다	to occur to (someone's mind)	掠过, 闪过	すれ違う	Lướt qua, thoáng qua
활성화되다	to be revitalized	激活, 搞活	活性化する	Trở nên phát triển
또렷이	clearly	清楚地, 明显地	はっきりと	Một cách rõ ràng
인식하다	to perceive, to recognize	认识	認識する	Nhận thức
재빨리	quickly	迅速地	いち早く	Một cách nhanh chóng
손상되다	to get damaged	受损, 被破坏	損傷する	Bị tổn hại
노출되다	to be exposed	露出, 暴露, 泄露	露出する	Bị lộ, bị phơi bày
착각	illusion	错觉	錯覚	Sự nhầm lẫn
생존	survival	生存	生存	Sự sinh tồn

※ [45~46] 다음을 듣고 물음에 답하십시오. (각 2점)

> 여자: 조선 시대, 왕실의 행사에는 늘 장악원의 음악인들이 있었습니다. 장악원은 조선의 국가 음악 기관으로서 궁중 음악에 관한 모든 일을 관장했는데요. 각종 행사에 맞는 다양한 연주 방법과 횟수는 물론, 천여 명에 달하는 소속 음악인들의 연습 일정까지 법으로 정해 놓을 만큼 철저하게 운영되었습니다. 또 내부 교육 기관을 두어 전문 음악인을 양성하고, 연주에 필요한 악기를 직접 제작하는 것도 장악원에서 담당했습니다. 당시 장악원의 음악적 완성도는 상당한 수준이었는데요. 그들의 음악은 궁중 의례에 경건함을 더하고 왕실에 권위를 부여해 주는 핵심 요소였습니다.

45. 들은 내용과 같은 것을 고르십시오.

① 장악원의 운영 방식은 법으로 규정되어 있었다.

② 장악원은 소수의 전문 음악인들로 이루어졌다.

③ 장악원에 소속된 음악인을 교육하는 외부 기관이 존재했다.

④ 장악원의 음악은 행사에 관계없이 일정한 형식을 갖추었다.

46. 여자가 말하는 방식으로 알맞은 것을 고르십시오.

① 장악원의 연주 장면을 묘사하고 있다.

② 장악원을 다른 기관과 비교하고 있다.

③ 장악원의 변천 과정을 요약하고 있다.

④ 장악원이 담당한 역할을 설명하고 있다.

출처: TOPIK 홈페이지

이 문제는 '강연'입니다. 강연은 41, 42번과 49, 50번에도 출제됩니다. 이미 출제된 강연의 주제는 다음과 같습니다.

문제 번호	출제된 상황
41, 42번	연극의 방백, 석빙고, 콩고드 비용의 오류, 모나리자 미소의 법칙, 거울 세포
45, 46번	친환경 포장재(우유 단백질 포장재), 4차 산업혁명, 지진, 약한 유대 관계의 결정적 역할, 팝페라
49, 50번	조선 시대 탕평책, 폭력의 구조화 과정, 변화하는 선거 운동, 마키아벨리의 정치 사상, 물 산업 육성

45번 세부 사항 관련 문제

① 장악원의 운영 방식은 법으로 규정되어 있었다.

→ 모든 것을 '법으로 정해 놓을 만큼' 철저하게 운영되었다는 내용이 나옵니다. 정답은 ①번입니다.

② 장악원은 소수의 전문 음악인들로 이루어졌다.

→ 1,000여 명에 달하는 음악인들이 소속되어 있다고 이야기했습니다. 1,000여 명은 소수 즉, 적은 수가 아니므로 같지 않습니다.

③ 장악원에 소속된 음악인을 교육하는 외부 기관이 존재했다.

→ 내부 교육 기관을 두었다고 했습니다.

④ 장악원의 음악은 행사에 관계없이 일정한 형식을 갖추었다.

→ 이 내용은 들은 내용에 없습니다.

46번 전체 내용 이해 문제

이 문제를 잘 풀기 위해서는 보기의 '묘사하다', '비교하다'와 같은 단어를 정확하게 알고 있어야 합니다. 이 문제에서는 장악원이라는 곳에 대해 설명하고 있습니다. 따라서 정답은 ④번입니다.

어휘 확인

관장하다	to control	掌管, 主管	管掌する	Quản lý, phụ trách
달하다	to reach	达到, 到达	達する	Đạt đến, đạt được
철저하다	to be strict in (something)	彻底, 完全	徹底している	Triệt để
운영되다	to be managed	经营, 运作	運営される	Điều hành
양성하다	to train, to educate	培养, 培育	養成する	Nuôi nắng, bồi dưỡng
제작하다	to produce	制作, 制造	製作する	Chế tác, sản xuất
담당하다	to take charge of	担任, 负责	担当する	Đảm nhiệm
부여하다	to invest (somebody with something)	赋予	付与する	Cấp cho, ban
규정되다	to be prescribed	规定	規定される	Được hiệu chỉnh
존재하다	to exist	存在	存在する	Tồn tại
묘사하다	to describe	描写, 描绘	描写する	Miêu tả
비교하다	to compare	比较	比較する	So sánh
요약하다	to summarize	概括, 扼要	要約する	Tóm tắt

Chapter 04

고급 수준 문제
연습하기

※ 문제는 많이 풀어 볼수록 좋습니다. 고급 수준의
   문제도 한번 풀어 볼까요?

※ [1~2] 다음을 듣고 물음에 답하십시오. (각 2점)

1. 남자가 말하는 의도로 알맞은 것을 고르십시오.

    ① 키오스크 주문의 장점을 설명하려고

    ② 키오스크 사용 경험에 대해 조언하려고

    ③ 디지털 시대의 약자들의 마음을 이해하려고

    ④ 디지털 시대에 고려해야 할 점에 대해 이야기하려고

2. 들은 내용과 같은 것을 고르십시오.

    ① 키오스크 주문을 하면서 커피 가격을 인상했다.

    ② 키오스크 사용은 인건비를 절감하는 효과가 있다.

    ③ 디지털 약자도 키오스크를 사용하는 것에 익숙하다.

    ④ 디지털 약자는 키오스크 주문에 실패하지 않을 것이다.

들은 내용을 메모해 보세요.

_____

_____

_____

어휘 확인

디지털	digital	数字, 数码	デジタル	Kĩ thuật số
약자	wick person, the weak	弱者, 不擅长者	弱者	Người yếu thế
인건비	personal expenses	人工費	人件費	Chi phi nhân công
적응하다	to adapt, to adjust	适应, 顺应	適応する	Thích nghi, thích ứng
고려하다	to consider	考虑, 思量	考慮する	Suy tính, cân nhắc
겨우	barely, narrowly	好不容易, 勉强	やっと	Một cách khó khăn, vất vả
인상하다	to raise, to increase	上涨, 增加	引き上げる	Sự gia tăng
절감하다	to reduce	节俭, 节省	痛感する	Cắt giảm

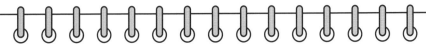

▶ 확인해 볼 표현

V-는 대신(에)

앞에 오는 내용과 서로 다르거나 반대임을 나타내거나 앞에 오는 내용과 비슷한 다른 행동이나 상태로 바꾸는 것을 나타냅니다.

주말에도 밥을 사 먹어요?

아니요. 평일에 거의 밥을 사 <u>먹는 대신에</u> 주말에는 집에서 요리해서 먹어요.

면접에 갈 때 입을 정장이 있어요?

아니요. 정장을 <u>사는 대신에</u> 빌려서 입기로 했어요.

* 문제를 다시 들으면서 빈칸에 알맞은 말을 쓰세요.

남: 여기도 주문을 키오스크로 하네요.

여: 요즘 ① _____ 키오스크로 하는 가게가 많잖아요. 제가 자주 가는 커피숍도 주문을 키오스크로 ② _____ 커피 가격을 올리지 않았더라고요. 인건비를 ③ _____.

남: 네. 좋은 점이 있죠. 그런데 며칠 전에 저도 패스트푸드 음식점에서 키오스크로 주문했는데요. 복잡하지 않았지만 생각보다 잘 안 돼서 ④_____ 겨우 했어요.

여: 저도 처음에는 그랬는데 하다 보니까 ⑤ _____.

남: 인건비도 줄일 수 있고 주문할 때 편할 수 있지만 이렇게 빠르게 변하는 세상에 ⑥ _____ 분들도 있을 텐데 그런 디지털 약자들을 ⑦ _____.

듣고 받아쓰기를 모두 했지요? 이제 다시 들으면서 따라 읽어 보세요.

3번 따라 읽어 보세요.

check

※ 대본을 보면서 들은 내용을 확인해 보세요.

남: 여기도 주문을 키오스크로 하네요.

여: 요즘 주문과 결제를 키오스크로 하는 가게가 많잖아요. 제가 자주 가는 커피숍도 주문을 키오스크로 하는 대신 커피 가격을 올리지 않았더라고요. 인건비를 줄일 수 있으니까요.

남: 네. 좋은 점이 있죠. 그런데 며칠 전에 저도 패스트푸드 음식점에서 키오스크로 주문했는데요. 복잡하지 않았지만 생각보다 잘 안 돼서 몇 번 실패하고 겨우 했어요.

여: 저도 처음에는 그랬는데 하다 보니까 편하고 좋던데요.

남: 인건비도 줄일 수 있고 주문할 때 편할 수 있지만 이렇게 빠르게 변하는 세상에 빨리 적응하기 어려운 분들도 있을 텐데 그런 디지털 약자들을 고려하면 좋겠어요.

※ [3~4] 다음을 듣고 물음에 답하십시오. (각 2점)

3. 남자의 중심 생각으로 가장 알맞은 것을 고르십시오.

① 요리를 하는 것은 낯설지만 즐거운 일이다.

② 요리도 하나의 예술 작품처럼 인정받아야 한다.

③ 음식을 예술 작품처럼 표현해서 즐거움을 주기 원한다.

④ 요리를 할 때는 맛있어 보이도록 공간을 디자인해야 한다.

4. 들은 내용과 같은 것을 고르십시오.

① 푸드 아티스트는 아직 사람들에게 낯선 직업이다.

② 푸드 아티스트는 식사하는 공간을 연출하는 직업이다.

③ 푸드 아티스트는 푸드 스타일리스트와 같은 즐거움을 준다.

④ 푸드 아티스트는 음식 자체의 영양과 맛만 고려해서 만든다.

들은 내용을 메모해 보세요.

_____

_____

_____

어휘 확인

낯설다	to be strange (to somebody)	陌生, 不熟	不慣れだ	Lạ lẫm
공간	space	空间	空間	Không gian
디자인하다	to design	设计	デザインする	Thiết kế
연출하다	to create	演出, 表演, 导演	演出する	Xuất hiện (trên TV)
자체	self	本身, 自身	自体	Tự mình, tự thân
영양	nutrition	营养	栄養	Dinh dưỡng
고려하다	to consider	考虑, 思量	考慮する	Suy tính, cân nhắc

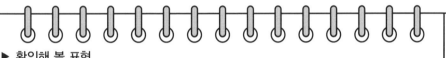

▶ 확인해 볼 표현

V-되

1) 서로 반대되는 사실을 나타냅니다.

2) 어떤 내용을 말하면서 그에 대한 조건이나 관련 내용을 나타냅니다.

매일 30분씩 걷되 꾸준히 해야 합니다.

식사는 하시되 자극적인 음식은 되도록 피하세요.

발표한 내용에 대해 잘못된 점은 비판하되 비난해서는 안 된다.

* 문제를 다시 들으면서 빈칸에 알맞은 말을 쓰세요.

여: 푸드 아티스트라는 직업은 좀 ① _____. 푸드 스타일리스트와는

어떤 점에서 ② _____?

남: 푸드 스타일리스트는 식사를 하는 테이블의 공간을 ③ _____.

음식이 더 ④ _____ 예쁜 그릇에 놓고, 테이블의 공간도 예쁘게

⑤ _____. 반면에 저와 같은 푸드 아티스트들은 음식 자체를

⑥ _____ 표현하는 것인데요. 제가 만든 김밥을 좀 보시겠어요?

귀여운 강아지 모양이지요? 이렇게 음식을 예술 작품처럼 ⑦_____

영양과 맛도 ⑧ _____ 요리 방법을 연구합니다. 아직 ⑨ _____

많은 사람들에게 즐거움도 주고 관심도 받을 수 있었으면 합니다.

듣고 받아쓰기를 모두 했지요? 이제 다시 들으면서 따라 읽어 보세요.

3번 따라 읽어 보세요.

check ✎

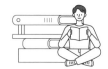

※ 대본을 보면서 들은 내용을 확인해 보세요.

여: 푸드 아티스트라는 직업은 좀 낯선데요. 푸드 스타일리스트와는 어떤 점에서 다른 건가요?

남: 푸드 스타일리스트는 식사를 하는 테이블의 공간을 디자인하는 거예요. 음식이 더 맛있어
보이도록 예쁜 그릇에 놓고, 테이블의 공간도 예쁘게 연출하는 것이지요. 반면에 저와 같은
푸드 아티스트들은 음식 자체를 하나의 예술 작품으로 표현하는 것인데요. 제가 만든 김밥
을 좀 보시겠어요? 귀여운 강아지 모양이지요? 이렇게 음식을 예술 작품처럼 표현하되 영
양과 맛도 고려해서 요리 방법을 연구합니다. 아직 낯선 직업이기는 하지만 많은 사람들에
게 즐거움도 주고 관심도 받을 수 있었으면 합니다.

※ [5~6] 다음을 듣고 물음에 답하십시오. (각 2점)

5. 여자의 중심 생각으로 가장 알맞은 것을 고르십시오.

　① 무지개색은 207가지여야 한다.

　② 무지개에는 흥미로운 이야기가 담겨 있다.

　③ 무지개는 여러 가지 모양이라서 흥미롭다.

　④ 뉴턴의 연구 결과 무지개를 반원 모양으로 정했다.

6. 들은 내용과 같은 것을 고르십시오.

　① 무지개색은 행운의 숫자와 관계가 있다.

　② 아프리카에서는 무지개색을 134개로 본다.

　③ 반원 부분을 가리면 무지개 모양이 구분된다.

　④ 실제 무지개를 본 사람은 무지개의 모양을 알 수 있다.

들은 내용을 메모해 보세요.

_____

_____

_____

어휘 확인

반원	semicircle, half circle	半圆	半円	Hình bán nguyệt
가려지다	to be blocked from view	被遮住, 被挡住	隠れる	Bị che khuất, che lấp
구분하다	to divide	区分, 划分	区分する	Phân loại
프리즘	prism	三棱镜	プリズム	Lăng kính, giác trụ
정하다	to decide	定, 决定, 确定	決める	Được quyết định, ấn định

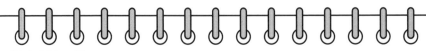

▶ 확인해 볼 표현

V/A-(으)면서

1) 두 가지 동작이나 상태가 함께 일어남을 나타내거나 서로 반대되는 관계임을 나타냅니다.

2) 앞의 내용이 원인이 되어 뒤의 내용으로 이어짐을 나타냅니다.

그 사람은 그 책을 안 <u>읽었으면서</u> 읽었다고 했다.

우리 아버지는 <u>무서우면서</u> 따뜻한 분이시다.

오스틴 씨는 대학교에 <u>입학하면서</u> 등록금 때문에 아르바이트를 하기 시작했다.

* 문제를 다시 들으면서 빈칸에 알맞은 말을 쓰세요.

남자: 많은 사람들이 무지개를 반원 모양이라고 생각합니다. 하지만 실제 무지개는

① _____?

여자: 네. 무지개가 뜨면 원 모양의 ② _____ 때문인데요. 무지개에는 재미있는

이야기가 ③ _____. 무지개를 한국에서는 일곱 가지 색이라고 표현하

잖아요. 그런데 아프리카 사람들은 두세 가지 색으로 ④ _____.

사실 무지개는 134~207가지 색으로 ⑤ _____. 7이 행운의 숫자이

기 때문에 무지개를 일곱 가지 색으로 보는 것인데요. 과학자 뉴턴이 빛에 대

해 연구하면서 프리즘을 통해 보이는 색이 여러 가지라는 것을 알게 되었고 일

곱 가지로 ⑥ _____ 있습니다.

듣고 받아쓰기를 모두 했지요? 이제 다시 들으면서 따라 읽어 보세요.

3번 따라 읽어 보세요.

check🖊️

☐ ☐ ☐

※ 대본을 보면서 들은 내용을 확인해 보세요.

남: 많은 사람들이 무지개를 반원 모양이라고 생각합니다. 하지만 실제 무지개는 원 모양이라
고 하지요?

여: 네. 무지개가 뜨면 원 모양의 반원 부분이 가려지기 때문인데요. 무지개에는 재미있는 이야
기가 담겨 있습니다. 무지개를 한국에서는 일곱 가지 색이라고 표현하잖아요. 그런데 아프
리카 사람들은 두세 가지 색으로 본다고 해요. 사실 무지개는 134~207가지 색으로 구분할
수 있습니다. 7이 행운의 숫자이기 때문에 무지개를 일곱 가지 색으로 보는 것인데요. 과학
자 뉴턴이 빛에 대해 연구하면서 프리즘을 통해 보이는 색이 여러 가지라는 것을 알게 되
었고 일곱 가지로 정했다는 이야기도 있습니다.

※ [7~8] 다음을 듣고 물음에 답하십시오. (각 2점)

7. 남자가 누구인지 고르십시오.

　① 비행기 운전을 훈련하는 사람

　② 조난 상황을 대비해 훈련을 만드는 사람

　③ 평소에 필요한 응급처치를 가르치는 사람

　④ 항공기를 이용해서 사람들을 구조하는 사람

8. 들은 내용과 같은 것을 고르십시오.

　① 남자는 바다에서 일어난 사고만 대비한다.

　② 사고가 일어날 때는 생존 능력이 언제나 필요하다.

　③ 이 일은 실제 사고를 대비해서 많은 훈련을 실시한다.

　④ 예고 없이 생기는 사고 때문에 남자는 늘 응급처치를 한다.

들은 내용을 메모해 보세요.

_____

_____

_____

어휘 확인

헬리콥터	helicopter	直升飞机	ヘリコプター, ヘリ	Máy bay trực thăng
구조하다	to rescue, to save	援救, 营救	救助する	Cấu trúc
재해	disaster	灾害	災害	Thiên tai
재난	catastrophe	灾难	災難	Hoạn nạn
응급처치	first aid	急救处置, 急救措施	応急処置	Sự cấp cứu, sơ cứu
조난	distress	遇难, 遇险	遭難	Sự gặp nạn
대비하다	to prepare	防范, 应对	備える	Đối phó, phòng bị
구출하다	to rescue, to save	救出, 解救	救出する	Giải thoát, cứu thoát

▶ 확인해 볼 표현

N은/는 물론(이고)

앞의 내용을 포함해서 전체 내용이 당연히 그렇다는 의미를 나타냅니다.

오늘 나는 내 방 <u>청소는 물론이고</u> 동생 방 청소까지 모두 했다.

내 친구는 <u>평일은 물론이고</u> 주말에도 바쁘다고 했다.

요리를 잘하는 내 친구는 <u>불고기는 물론</u> 파전도 만든다.

여: 팀장님께서는 헬리콥터나 비행기를 이용해서 사람들을 ① _____을 하고 계시다고 들었습니다.

남: 네. 바다에서 일어난 사고뿐만 아니라 ② _____ 국민의 생명을 지키는 일을 합니다. ③ _____ 모든 조난 상황에 대비한 강도 높은 훈련을 많이 받습니다.

여: 뜻하지 않은 사고에서 ④ _____ 많은 노력이 필요하겠네요.

남: 네. 특히 비행기 조종사를 구출할 때는 시간이 많지 않기 때문에 실전에 ⑤ _____ 많은 훈련을 합니다. 그리고 생존 능력 또한 필요하기 때문에 ⑥ _____ 위한 훈련도 합니다. 사고는 ⑦ _____ 찾아오는 것이 아니기에 저희 항공구조사들은 늘 최선을 다하고 있습니다.

듣고 받아쓰기를 모두 했지요? 이제 다시 들으면서 따라 읽어 보세요.

3번 따라 읽어 보세요.

check ✎
☐ ☐ ☐

※ 대본을 보면서 들은 내용을 확인해 보세요.

여: 팀장님께서는 헬리콥터나 비행기를 이용해서 사람들을 구조하는 일을 하고 계시다고 들었습니다.

남: 네. 바다에서 일어난 사고뿐만 아니라 재해와 재난 시에도 국민의 생명을 지키는 일을 합니다. 응급처치는 물론이고 모든 조난 상황에 대비한 강도 높은 훈련을 많이 받습니다.

여: 뜻하지 않은 사고에서 인명 피해를 줄이기 위해 많은 노력이 필요하겠네요.

남: 네. 특히 비행기 조종사를 구출할 때는 시간이 많지 않기 때문에 실전에 대비해서 많은 훈련을 합니다. 그리고 생존 능력 또한 필요하기 때문에 생존 능력을 갖추기 위한 훈련도 합니다. 사고는 예고하고 찾아오는 것이 아니기에 저희 항공구조사들은 늘 최선을 다하고 있습니다.

※ [9~10] 다음을 듣고 물음에 답하십시오. (각 2점)

9. 무엇에 대한 내용인지 알맞은 것을 고르십시오.

　① 광고 제작의 효과와 활용

　② 단순 노출 효과의 정의와 활용

　③ 낯선 사람에게 말을 거는 방법

　④ 친숙해지기 위한 방법에 대한 설명

10. 들은 내용과 같은 것을 고르십시오.

　① 출근 시간에 마주치는 사람도 친숙해지기 어렵다.

　② 광고에서 특별하게 반복해야 물건을 구매하게 된다.

　③ 싫어하는 광고를 반복해서 봐야 호감을 느끼게 된다.

　④ 특별한 이유 없이 단순하게 자주 반복해도 친숙해질 수 있다.

들은 내용을 메모해 보세요.

_____

_____

_____

마주치다	to run into	碰到, 遇到	出会う	Đụng phải, giáp mặt
당황하다	to be embarrassed	惊慌, 慌乱	あわてる	Hoảng hốt, bối rối
호감을 가지다	to have a good feeling	抱有好感	好感を持つ	Có thiện cảm
친숙하다	to become familiar	熟悉, 亲密	親しみがある	Thân thuộc, thân quen
정의	definition	定义, 情谊, 正义	定義	Định nghĩa

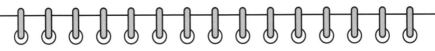

▶ 확인해 볼 표현

V-(으)ㄹ 법하다

앞에서 나타내는 상황이 일어날 가능성이 많다고 판단함을 나타냅니다.

또 소설책 읽네. 소설책 좋아하나 봐.

응. 어디엔가 있을 법한 이야기잖아. 그래서 더 공감되고.

또 야근해요? 매일 그렇게 일하면 지칠 법도 하네요.

네. 그래서 오스틴 씨가 많이 힘들어하더라고요.

여: 출근 시간에 매일 ① _____ 사람이 있습니다. 한 달 정도 매일 마주 쳤는데 어느 날 그 사람이 여러분에게 ② _____ 어떨까요? 당황하거 나 ③ _____ 매일 마주쳤던 ④ _____ 그 사람이 말을 걸어도 대답을 잘해 줄 것입니다. 이런 것을 '단순 노출 효과'라 고 하는데요. 특별한 이유나 과정이 없어도 단순하게 자주 반복하게 되면 ⑤ _____ 도움이 된다는 것입니다. 이런 단순 노출 효과를 잘 이용하는 것이 바로 광고입 니다. 처음에는 그 광고를 ⑥ _____ 반복해서 보게 되면 친숙해져서 그 물건을 ⑦ _____ 것입니다.

듣고 받아쓰기를 모두 했지요? 이제 다시 들으면서 따라 읽어 보세요.

3번 따라 읽어 보세요.

check🖋

□ □ □

※ 대본을 보면서 들은 내용을 확인해 보세요.

여: 출근 시간에 매일 마주치는 사람이 있습니다. 한 달 정도 매일 마주쳤는데 어느 날 그 사람 이 여러분에게 말을 건다면 어떨까요? 당황하거나 놀랄 법하겠지만 매일 마주쳤던 친숙함 때문에 그 사람이 말을 걸어도 대답을 잘해 줄 것입니다. 이런 것을 '단순 노출 효과'라고 하는데요. 특별한 이유나 과정이 없어도 단순하게 자주 반복하게 되면 호감을 가지는 데 도움이 된다는 것입니다. 이런 단순 노출 효과를 잘 이용하는 것이 바로 광고입니다. 처음 에는 그 광고를 싫어하더라도 반복해서 보게 되면 친숙해져서 그 물건을 구매하게 되는 것 입니다.

※ [11~12] 다음을 듣고 물음에 답하십시오. (각 2점)

11. 이 대화 전의 내용으로 가장 알맞은 것을 고르십시오.

① 부메랑 키즈는 수동적인 관점에서 바라봐야 한다.

② 부메랑 키즈 현상에는 부정적인 면이 상당히 많다.

③ 많은 청년들이 취업 때문에 부모의 곁으로 돌아온다.

④ 청년들은 대학 진학을 하기 위해 부모의 곁을 떠난다.

12. 들은 내용과 같은 것을 고르십시오.

① 졸업 후 부모와 좋은 관계를 맺을 기회가 부족하다.

② 부메랑 키즈는 적극적으로 취직을 하려고 하지 않는다.

③ 자녀로 인한 경제적인 부담은 정부에서 해결해야 한다.

④ 부메랑 키즈를 긍정적인 현상으로 보는 부모들이 있다.

들은 내용을 메모해 보세요.

_____

_____

_____

어휘 확인

진학	entering school	升学, 进修	進学	Sự chuyển trường
열정	passion	热情	情熱	Sự nhiệt tình
수동적	passive	被动的	受動的	Tính thụ động
현상	phenomenon	现象	現象	Hiện trạng
대책	measure(s), step(s)	对策, 解决方案	对策	Đối sách, biện pháp đối phó

▶ 확인해 볼 표현

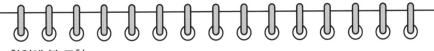

A-(으)니만큼, V-느니만큼

앞의 내용을 인정하며 그것이 뒤의 내용의 원인이나 근거가 됨을 나타냅니다.

이번 발표는 모두에게 관심을 받고 있느니만큼 최선을 다해야 한다.

기숙사에서는 다른 사람과 함께 생활하느니만큼 서로를 배려해야 한다.

이번 모임에는 손님이 많으니만큼 준비해야 할 것이 많다.

여: 말씀하신 것처럼 대학 진학을 하기 위해 부모의 곁을 ① ＿＿＿＿＿＿＿＿＿＿ 부메랑처럼 다시 집으로 돌아오는 부메랑 키즈들이 졸업 후에 부모님을 다시 찾는 것이 ②＿＿＿＿＿＿＿＿＿＿ 아니지 않을까요? 졸업 후 부모와의 관계를 다시 가질 수 있는 ③ ＿＿＿＿＿＿＿＿＿.

남: 네. ④ ＿＿＿＿＿＿＿＿ 없다고 할 수는 없지요. 하지만 부메랑 키즈들은 ⑤ ＿＿＿＿＿＿＿＿＿＿이 부족하고 취업에 대한 스트레스를 계속 받게 되면서 좋은 직장을 구하는 데 ⑥ ＿＿＿＿＿＿＿＿＿＿ 변하게 됩니다. 이 때문에 부메랑 키즈를 부정적으로 보는 사람들도 많습니다. 게다가 부모님께 ⑦ ＿＿＿＿＿＿＿＿드리게 되기 때문에 아주 긍정적인 현상은 아니라고 봅니다. 시대가 빠르게 ⑧ ＿＿＿＿＿＿ 한 사회의 모든 세대가 행복하게 살 수 있도록 개인뿐만 아니라 정부에서도 대책을 ⑨ ＿＿＿＿＿＿가 있을 것입니다.

듣고 받아쓰기를 모두 했지요? 이제 다시 들으면서 따라 읽어 보세요.

3번 따라 읽어 보세요.

check🖋
☐ ☐ ☐

※ 대본을 보면서 들은 내용을 확인해 보세요.

여: 말씀하신 것처럼 대학 진학을 하기 위해 부모의 곁을 잠깐 떠났다가 부메랑처럼 다시 집으로 돌아오는 부메랑 키즈들이 졸업 후에 부모님을 다시 찾는 것이 부정적인 것만은 아니지 않을까요? 졸업 후 부모와의 관계를 다시 가질 수 있는 기회가 될 수 있을 것 같은데요.

남: 네. 긍정적인 면이 없다고 할 수는 없지요. 하지만 부메랑 키즈들은 성공에 대한 열정이 부족하고 취업에 대한 스트레스를 계속 받게 되면서 좋은 직장을 구하는 데 수동적으로 변하게 됩니다. 이 때문에 부메랑 키즈를 부정적으로 보는 사람들도 많습니다. 게다가 부모님께 경제적인 부담을 드리게 되기 때문에 아주 긍정적인 현상은 아니라고 봅니다. 시대가 빠르게 변하느니만큼 한 사회의 모든 세대가 행복하게 살 수 있도록 개인뿐만 아니라 정부에서도 대책을 마련할 필요가 있을 것입니다.

※ [13~14] 다음을 듣고 물음에 답하십시오. (각 2점)

13. 무엇에 대한 내용인지 알맞은 것을 고르십시오.

① 길거리 공연의 장점

② 국제적인 문화의 결합

③ 힙합을 즐기는 도시 소개

④ 문화가 공존하는 도시의 스타일

14. 힙합의 시작에 대한 설명으로 맞는 것을 고르십시오.

① 다양한 문화가 섞이면서 시작되었다.

② 차별화된 비트에 랩을 더하면서 시작되었다.

③ 젊은이들이 길거리 공연을 하면서 시작되었다.

④ 노예들의 감정을 나타내는 수단에서 시작되었다.

들은 내용을 메모해 보세요.

_____

_____

_____

어휘 확인

공존하다	to co-exist	共处, 共生	共存する	Tương trợ, cùng tồn tại
차별화	differentiation	差异化	差別化	Sự phân biệt hóa
표현하다	to express, to represent	表现, 表达	表現する	Biểu hiện, thể hiện
자리 잡다	to be settled (as)	定居, 占据, 落脚	定着する	Chiếm chỗ
결합하다	to be united, to be combined	结合, 组合	結合する	Kết hợp, hòa hợp
즐기다	to enjoy	享受, 喜爱, 乐于	楽しむ	Thích thú, tận hưởng
수단	means, way	手段, 方法, 工具	手段, 手だて	Cách thức, biện pháp

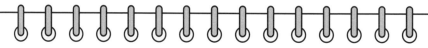

▶ 확인해 볼 표현

V-(으)ㄹ 겸

두 가지 이상의 목적이 있음을 나타냅니다.

주말에 바람도 쐴 겸 춘천에 갔다 올까?

춘천? 좋아. 간 김에 닭갈비도 먹고 오자.

어제 뭐 했어요?

옷도 살 겸 구경도 할 겸해서 남대문 시장에 갔다 왔어요.

* 문제를 다시 들으면서 빈칸에 알맞은 말을 쓰세요.

남: 이곳은 ① _____ 예술의 도시다. 이곳의 젊은이들은 자신이 좋아하는 음악을 많은 사람들에게 보여 주고자 길거리 공연을 하기도 한다. 나는 이곳에서 다양한 ② _____ 잠시 쉬어 가기로 했다. 길거리에서 힙합 공연을 하는 사람들이 눈에 띈다.

힙합은 많은 사람들에게 사랑받는 장르로 다른 장르의 음악과는 차별화된 ③ _____. 미국의 노예들이 고된 일로 힘들었던 자신의 ④ _____ 수단으로 시작된 힙합은 1970년대에 들어 현대의 형태로 자리 잡기 시작했다. 다양한 종류의 비트와 드럼 소리를 더한 후 랩을 ⑤ _____. 이제 힙합은 국제적인 문화가 되었고 이곳의 많은 젊은이들도 힙합 스타일을 즐기고 있다는 것을 ⑥ _____.

듣고 받아쓰기를 모두 했지요? 이제 다시 들으면서 따라 읽어 보세요.

3번 따라 읽어 보세요.

check ✏️

☐ ☐ ☐

※ 대본을 보면서 들은 내용을 확인해 보세요.

남: 이곳은 다양한 문화가 공존하는 예술의 도시다. 이곳의 젊은이들은 자신이 좋아하는 음악을 많은 사람들에게 보여 주고자 길거리 공연을 하기도 한다. 나는 이곳에서 다양한 음악도 들을 겸 잠시 쉬어 가기로 했다. 길거리에서 힙합 공연을 하는 사람들이 눈에 띈다.

힙합은 많은 사람들에게 사랑받는 장르로 다른 장르의 음악과는 차별화된 특별함이 있다. 미국의 노예들이 고된 일로 힘들었던 자신의 감정을 표현하는 수단으로 시작된 힙합은 1970년대에 들어 현대의 형태로 자리 잡기 시작했다. 다양한 종류의 비트와 드럼 소리를 더한 후 랩을 결합한 것이다. 이제 힙합은 국제적인 문화가 되었고 이곳의 많은 젊은이들도 힙합 스타일을 즐기고 있다는 것을 도시 곳곳에서 느낄 수 있다.

※ [15~16] 다음을 듣고 물음에 답하십시오. (각 2점)

15. 들은 내용과 같은 것을 고르십시오.

① 핑크 노이즈는 즐거운 음악 소리만을 가리킨다.

② 음악이 인기가 많을수록 핑크 노이즈와 관계는 적다.

③ 핑크 노이즈를 사용하면 기억력을 더 향상할 수 있다.

④ 자연 속에서 핑크 노이즈의 연구를 잘 실시할 수 있다.

16. 여자가 말하는 방식으로 알맞은 것을 고르십시오.

① 핑크 노이즈의 효과를 요약하고 있다.

② 핑크 노이즈에 대해 자세히 설명하고 있다.

③ 핑크 노이즈의 활용 분야를 묘사하고 있다.

④ 핑크 노이즈를 다른 음악과 비교하고 있다.

들은 내용을 메모해 보세요.

_____

_____

_____

가리키다	to point, to indicate	指, 指出, 指的是	指す	Chỉ, biểu thị
흐르다	to flow, to run	流, 流淌	流れる	Trôi qua, chảy (nước)
존재하다	to exist	存在	存在する	Tồn tại
향상시키다	to improve	使…提高, 使…增加	向上させる	Nâng cấp, nâng cao
흥미롭다	to be interesting	有趣, 津津有味	興味深い	Hứng thú, hứng khởi

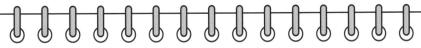

▶ 확인해 볼 표현

N(이)란

앞의 명사를 화제로 삼아 설명하거나 강조함을 나타냅니다.

사랑이란 무엇일까?
진정한 친구란 좋을 때든지 어려울 때든지 항상 함께해 주는 것이다.
역사란 어떤 사실, 현상 등이 변해 온 과정을 가리킨다.

여자: 여러분, 핑크 노이즈라는 말을 ① _____?
② _____ 무엇일까요? 네. 그건 사람들의 귀에 가장 즐겁고 편안하게 들리는 ③ _____ 말인데요. 새의 소리, 바람이 부는 소리, 비가 오는 소리, 물이 흐르는 소리 등이 있습니다. 핑크 노이즈는 이렇게 자연 ④ _____ 소리입니다. 1970년대 미국 캘리포니아 대학교의 한 과학자는 음악의 리듬과 소리에 대한 ⑤ _____. 이 연구에 따르면 음악이 인기가 ⑥ _____ 그 음악에는 핑크 노이즈가 많다고 합니다. 최근에는 핑크 노이즈의 효과를 ⑦ _____ _____ 있는데 교육학자들은 사람들의 ⑧ _____ 핑크 노이즈를 사용한다고 합니다. 정말 흥미롭지요?

듣고 받아쓰기를 모두 했지요? 이제 다시 들으면서 따라 읽어 보세요.

3번 따라 읽어 보세요.

check ✎

☐ ☐ ☐

※ 대본을 보면서 들은 내용을 확인해 보세요.

여: 여러분, 핑크 노이즈라는 말을 들어 본 적이 있으시죠? 핑크 노이즈란 무엇일까요? 네. 그건 사람들의 귀에 가장 즐겁고 편안하게 들리는 소리를 가리키는 말인데요. 새의 소리, 바람이 부는 소리, 비가 오는 소리, 물이 흐르는 소리 등이 있습니다. 핑크 노이즈는 이렇게 자연 어디에나 존재하는 소리입니다. 1970년대 미국 캘리포니아 대학교의 한 과학자는 음악의 리듬과 소리에 대한 연구를 실시했는데요. 이 연구에 따르면 음악이 인기가 많으면 많을수록 그 음악에는 핑크 노이즈가 많다고 합니다. 최근에는 핑크 노이즈의 효과를 교육 분야에서도 활용하고 있는데 교육학자들은 사람들의 기억력을 향상시키기 위해 핑크 노이즈를 사용한다고 합니다. 정말 흥미롭지요?

※ [17~18] 다음을 듣고 물음에 답하십시오. (각 2점)

17. 들은 내용과 같은 것을 고르십시오.

① 시대가 변함에 따라 언어도 변하고 있다.

② 어떤 대상의 존재의 유무와 언어의 변화는 상관이 없다.

③ 말을 무조건 줄여서 사용하여 의사소통이 더 유연해졌다.

④ 신조어 사용을 관대하게 생각하는 사람들이 많아져야 한다.

18. 남자의 태도로 알맞은 것을 고르십시오.

① 언어의 변화에 대해 높이 평가하고 있다.

② 무분별한 신조어 사용에 대해 경계하고 있다.

③ 세대 간 의사소통의 부재에 대해 조언하고 있다.

④ 줄임말을 활용할 수 있는 방안에 대해 검토하고 있다.

들은 내용을 메모해 보세요.

_____

_____

_____

어휘 확인

무분별하다	to be ill-advised	轻率, 冲动, 不分青红皂白	無分別だ	Thiếu thận trọng
논란이 되다	to be tackled	备受争议	議論になる	Được bàn tán sôi nổi, bàn cãi xôn xao
사라지다	to disappear	消失, 消退	消える	Bị biến mất
심각하다	to be serious	严重, 严峻	深刻だ	Nghiêm trọng, trầm trọng
의사소통	communication	沟通	コミュニケーション	Sự trao đổi, giao tiếp
파괴되다	to be destructed, to be destroyed	被破坏	破壊される	Bị phá hủy, phá hỏng
관대하다	to be generous (to somebody)	宽宏, 宽厚	寛大だ	Bao dung, rộng lượng

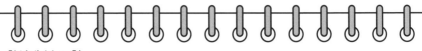

▶ 확인해 볼 표현

A-(으)ㄴ 이상, V-(으)ㄴ/는 이상

앞의 말이 이미 정해진 사실, 확실한 것이기 때문에 뒤에 나오는 상황이 당연하다는 의미를 나타냅니다.

한국에 유학을 <u>온 이상</u> 최선을 다할 거예요.
잘못을 <u>한 이상</u> 벌을 받아야 해요.
술을 끊지 <u>않는 이상</u> 건강을 회복하기 어려울 거예요.

* 문제를 다시 들으면서 빈칸에 알맞은 말을 쓰세요.

여: 시대가 변하면 언어도 ① _____. 최근에는 무분별한 신조어
　　사용이 ② _____ 있습니다.
남: 네. ③ _____ 언어는 변하기 마련입니다. 새로운 것이 생기면
　　그것을 가리킬 말이 필요하기 때문인데요. 컴퓨터나 세탁기 같은 것이 없던 시절
　　에는 그런 단어가 ④ _____ 지금은 없으면 안 되는 단어지요. 반대
　　로 어떤 대상이 없어지면 그것을 나타내던 말도 함께 사라지는 것은 당연한 현
　　상입니다. 이렇게 언어는 살아 있어서 변하는 것은 당연하지만 최근에는 말을 무
　　조건 줄여서 사용하는 것이 좀 ⑤ _____ 볼 수 있겠습니다. 무
　　조건 말을 줄여서 사용하거나 새롭게 만들어서 사용한다면 ⑥ _____이
　　어려워질 수도 있고 우리말이 ⑦ _____. 무분별한 신조어의 사용을
　　⑧ _____ 우리의 언어를 지키기 어려워질 수도 있습니다.

듣고 받아쓰기를 모두 했지요? 이제 다시 들으면서 따라 읽어 보세요.

3번 따라 읽어 보세요.

check

☐ ☐ ☐

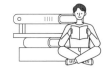

※ 대본을 보면서 들은 내용을 확인해 보세요.

여: 시대가 변하면 언어도 변하기 마련인데요. 최근에는 무분별한 신조어 사용이 논란이 되고 있습니다.

남: 네. 말씀하셨듯이 언어는 변하기 마련입니다. 새로운 것이 생기면 그것을 가리킬 말이 필요하기 때문인데요. 컴퓨터나 세탁기 같은 것이 없던 시절에는 그런 단어가 필요 없었겠지만 지금은 없으면 안 되는 단어지요. 반대로 어떤 대상이 없어지면 그것을 나타내던 말도 함께 사라지는 것은 당연한 현상입니다. 이렇게 언어는 살아 있어서 변하는 것은 당연하지만 최근에는 말을 무조건 줄여서 사용하는 것이 좀 심각한 수준에 이르렀다고 볼 수 있겠습니다. 무조건 말을 줄여서 사용하거나 새롭게 만들어서 사용한다면 세대 간의 의사소통이 어려워질 수도 있고 우리말이 파괴될 수도 있습니다. 무분별한 신조어의 사용을 관대하게 생각하는 이상 우리의 언어를 지키기 어려워질 수도 있습니다.

※ [19~20] 다음을 듣고 물음에 답하십시오. (각 2점)

19. 들은 내용과 같은 것을 고르십시오.

① 쇼핑몰이 많으면 경제적인 효과를 기대할 수 없다.

② 대기업이 성장하면 중소기업에게도 혜택이 생길 수 있다.

③ 쇼핑몰의 마케팅 비용을 많이 들이면 매출 증가에 도움이 된다.

④ 쇼핑몰 간의 경쟁으로 인해 대형 쇼핑몰만 더 많은 고객이 찾는다.

20. 남자의 태도로 알맞은 것을 고르십시오.

① 이웃 낙수효과에 대해 우려하고 있다.

② 이웃 낙수효과의 필요성을 비판하고 있다.

③ 이웃 낙수효과에 대해 회의적으로 바라보고 있다.

④ 이웃 낙수효과에 대해 긍정적으로 평가하고 있다.

들은 내용을 메모해 보세요.

_____

_____

_____

경쟁하다	to compete	竞争, 较量	競争する	Thi đua, cạnh tranh
몰리다	to flock	被赶到, 聚集到	集中する, 殺到する	Đổ xô
오히려	rather	反而, 反倒	むしろ	Ngược lại, trái lại
매출	sales	卖出, 销售	売上	Doanh số, doanh thu
적시다	to wet	弄湿, 打湿, 湿润	濡らす	Làm ấm, ướt
혜택	benefit	惠泽, 优惠	恵沢, 恵み	Ưu đãi
톡톡히	comfortably	厚厚地, 密密地	非常に多く, ずいぶん, たっぷり	Nhiều
사례	example, case	事例	事例	Ví dụ điển hình

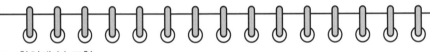

▶ **확인해 볼 표현**

A/V-(으)니

1) 앞에 오는 내용이 뒤에 오는 내용의 원인이나 근거가 됨을 나타냅니다.

2) 앞에서 이야기한 내용과 관련된 다른 사실을 이어서 설명할 때 사용합니다.

아침에 눈을 떠 <u>보니</u> 이미 약속 시간이 한참 지난 뒤였다.

커피를 한 잔 <u>마시니</u> 피로가 풀리는 것 같았다.

오늘 업무는 모두 <u>끝났으니</u> 퇴근해도 좋습니다.

* 문제를 다시 들으면서 빈칸에 알맞은 말을 쓰세요.

남: 어떤 지역에 쇼핑몰이 하나 있습니다. 그 옆에 대형 쇼핑몰이 하나 생깁니다. 그러면 어떨까요? 쇼핑몰이 ① _____ 손님이 대형 쇼핑몰 쪽에만 ② _____ 생각하는 분들이 계실 텐데요. 오히려 그 반대입니다. 쇼핑몰이 ③ _____ 사람들은 쇼핑을 하기 위해서 그 지역을 찾게 될 것입니다. 그래서 두 쇼핑몰 모두 특별히 ④ _____ 모두 ⑤ _____ 됩니다. 이를 '이웃 낙수효과'라고 말할 수 있습니다. 낙수효과란 말 그대로 물이 흘러서 아래에 있는 바닥을 적신다는 뜻으로 대기업이 성장하면 중소기업과 소비자들에게도 ⑥_____ 말인데요. 이웃 낙수효과를 잘 활용하면 ⑦_____ 수 있을 것입니다. 또 다른 사례를 말씀드리겠습니다.

듣고 받아쓰기를 모두 했지요? 이제 다시 들으면서 따라 읽어 보세요.

3번 따라 읽어 보세요.

check ✎
☐ ☐ ☐

※ 대본을 보면서 들은 내용을 확인해 보세요.

남: 어떤 지역에 쇼핑몰이 하나 있습니다. 그 옆에 대형 쇼핑몰이 하나 생깁니다. 그러면 어떨까요? 쇼핑몰이 서로 경쟁해서 손님이 대형 쇼핑몰 쪽에만 몰리게 될 거라고 생각하는 분들이 계실 텐데요. 오히려 그 반대입니다. 쇼핑몰이 두 개나 있으니 사람들은 쇼핑을 하기 위해서 그 지역을 찾게 될 것입니다. 그래서 두 쇼핑몰 모두 특별히 마케팅 비용을 들이지 않아도 모두 매출이 증가하게 됩니다. 이를 '이웃 낙수효과'라고 말할 수 있습니다. 낙수효과란 말 그대로 물이 흘러서 아래에 있는 바닥을 적신다는 뜻으로 대기업이 성장하면 중소기업과 소비자들에게도 혜택이 돌아간다는 말인데요. 이웃 낙수효과를 잘 활용하면 경제적인 효과를 얻을 수 있을 것입니다. 또 다른 사례를 말씀드리겠습니다.

정답

Chapter 1

중급 수준 문제 유형 익히기

Chapter 2
중급 수준 문제 연습하기

p. 68~72

1.	②	6.	①
2.	③	7.	④
3.	②	8.	②
4.	②	9.	②
5.	③	10.	②

Chapter 3
고급 수준 문제 유형 익히기

p.82~105

21.	③	28.	④
22.	④	29.	①
25.	②	30.	②
26.	③	31.	①
23.	④	32.	③
24.	②	33.	④
35.	④	34.	②
36.	②		
27.	④		

Chapter 4
고급 수준 문제 연습하기

p. 122~151

1.	②	6.	①	11.	②	16.	②
2.	③	7.	④	12.	②	17.	①
3.	②	8.	②	13.	③	18.	②
4.	②	9.	②	14.	④	19.	②
5.	③	10.	②	15.	③	20.	④

저자약력

김미숙

| 학력 |
　　이화여자대학교 교육학 석사(외국어로서의 한국어교육)
　　이화여자대학교 한국학 박사(한국어교육)

| 경력 |
　(전) 동국대학교 한국어교육원 전임 교원
　(현) EBS 두리안 초등학생을 위한 표준한국어 1 동영상강사
　(현) 서울대학교 언어교육원 한국어교육센터 대우전임강사

| 저서 |
《두근두근 한국어 3 교육 자료집》 공저 (2015, 국립국어원, KBS 한국어진흥원)
《이야기로 배우는 한국어1》 공저 (2015, 박이정)
《TOPIK 중고급 어휘 & 읽기 30일 완성》 공저 (2016, 박이정)
《두근두근 한국어 4 교육 자료집》 공저 (2016, 국립국어원, KBS 한국어진흥원)
《TOPIK 초중급 어휘 & 읽기 30일 완성》 공저 (2017, 박이정)
《배워서 바로 쓰는 비상 한국어 초급1》 저 (2018, 비상교육)
《배워서 바로 쓰는 비상 한국어 초급2》 저 (2018, 비상교육)
《배워서 바로 쓰는 비상 한국어 중급1》 공저 (2019, 비상교육)
《배워서 바로 쓰는 비상 한국어 중급2》 공저 (2019, 비상교육)
《배워서 바로 쓰는 비상 한국어 고급》 저 (2019, 비상교육)
《이야기로 배우는 한국어2》 공저 (2019, 박이정)
《TOPIK 중급 어휘 40일 정복_전면개정판》 공저 (2020, 박문각)
《한국어 문법 이렇게 달라요_개정증보판》 저 (2021, 소통)
《Let's speak Korean for beginners 맛있는 한국어》 저 (2022, 맛있는books)
《서울대 한국어 플러스 student's book 1A》 공저 (2022, 서울대학교출판문화원)
《서울대 한국어 플러스 student's book 1B》 공저 (2022, 서울대학교출판문화원)
《서울대 한국어 플러스 workbook 1A》 공저 (2022, 서울대학교출판문화원)
《서울대 한국어 플러스 workbook 1B》 공저 (2022, 서울대학교출판문화원)
《TOPIK 중급 문법 테마 100_전면개정판》 저 (2023, 박문각)
《여행하며 배우는 한국어》 저 (2023, 하우)

TOPIK 듣기 다잡기

초판발행   2024년 1월 29일

지은이   김미숙
펴낸이   안종만·안상준

편 집   배근하
기획/마케팅   박부하
표지디자인   이수빈
제 작   고철민·조영환

펴낸곳   (주)박영사
               서울특별시 금천구 가산디지털2로 53, 210호(가산동, 한라시그마밸리)
               등록 1959. 3. 11. 제300-1959-1호(倫)
전 화   02)733-6771
f a x   02)736-4818
e－mail   pys@pybook.co.kr
homepage   www.pybook.co.kr
ISBN   979-11-303-1825-7 93710

정 가   18,000원